"十三五"国家重点出版物出版规划项目

"中国工业遗产故事"丛书

丛书主编　刘伯英　周大亚

民国首都水厂故事

王志康　陈　越　著

南京出版传媒集团
南京出版社

图书在版编目（CIP）数据

民国首都水厂故事 / 王志康, 陈越著. -- 南京 :
南京出版社, 2022.1
（中国工业遗产故事）
ISBN 978-7-5533-3534-6

Ⅰ. ①民… Ⅱ. ①王… ②陈… Ⅲ. ①水厂 – 工厂史
– 南京 – 民国 – 青少年读物 Ⅳ. ①F299.241-49

中国版本图书馆CIP数据核字（2021）第246196号

从 书 名 中国工业遗产故事
从书主编 刘伯英 周大亚
书　　名 民国首都水厂故事
作　　者 王志康 陈 越
出版发行 南京出版传媒集团
南 京 出 版 社

社址：南京市太平门街53号　　邮编：210016
网址：http://www.njcbs.cn　　电子信箱：njcbs1988@163.com
联系电话：025-83283893、83283864（营销）　025-83112257（编务）

出 版 人 项晓宁
出 品 人 卢海鸣
责任编辑 汪 枫
封面设计 张 淼
版式设计 王 俊
责任印制 杨福彬

制　　版 南京新华丰制版有限公司
印　　刷 江苏扬中印刷有限公司
开　　本 787毫米×1092毫米 1/32
印　　张 4.125
字　　数 80千
版　　次 2022年1月第1版
印　　次 2022年1月第1次印刷
书　　号 ISBN 978-7-5533-3534--6
定　　价 28.00元

用微信或京东
APP扫码购书

用淘宝APP
扫码购书

总　序

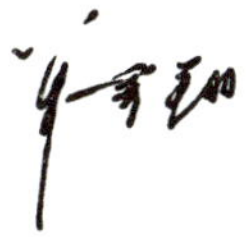

在众多的文化遗产中，“工业遗产”是一个年轻的类型。工业遗产是工业时代形成的遗产，自从 18 世纪 60 年代以蒸汽机为代表的第一次工业革命在英国爆发以来，工业文明虽然只有短短的三四百年历史，但在人类文明的发展史上，工业文明所创造的财富和对世界以及人类生活的影响，都远远超过之前几千年的总和。经过多年的开采、生产、运行，有些矿山、工厂、仓库、烟囱、管道、铁路、码头等已经失去了生产功能，但作为纪念物被保留了下来；同时还有些机器、车辆、工具、仪器、图纸、档案、照片、产品、服装等也一起保留下来，成为工业文明的历史见证和记录。

我们衡量文化遗产一般采用“历史、艺术和科学价值”这三大价值作为标准，而工业遗产在具有文化遗产的普遍特征的同时，还具有一些特殊的价值。一般来说，工业遗产具有历史、社会、建筑和科技、审美等多重价值。它与其他文化遗产的区别就是技术价值。工业遗产见证了科学技术对于工业发展所做出的突出贡献，表现在工厂矿山的选址规划、建（构）筑物的施工建设、机械设备的设计安装、生产工具的改进、工艺流程的设计布置和产品的更新等方面。从工业遗产中我们可以清晰地看到技术进步的脉络，其中既有创新、改进，当然也有失败或者弯路，这些都为后人提供了可供借鉴的经验或者教训。由于工业遗产可以直观地反映出人类社会发展的这一重要过程，工业遗产成为我们社会发展不可或缺的物证。

当你走进我国各地的博物馆，看到最多的是什么？是青铜器、陶瓷、丝绸、书画、金银玉器等精美的手工艺品，我国悠久的农业社会文明，为世界贡献了数不清、看不尽的文化瑰宝，使参观者瞬间满怀文化自豪感。从本质上说，这些都是农业时代的遗存，代表的只是我们国家在农业时代创造的文明、对世界文明发展的贡献。可是你却很少能够在我国博物馆中看到数量、规模能与上述这些农业文明时代的文化遗存相当的工业遗产。尽管工业时代是离我们最近的历史时期，工业文明创造了巨大财富，对世界以及人类生活产生了深远影响，但我们似乎忘记了给它在博物馆中留出应有的位置。

工业遗产对生活在当下或者未来的人有什么意义呢？我们说，工业遗产具有纪念、教育、文化或象征的意义。

我国工业化以来，形成了许多新的城市。例如，哈尔滨、长春、郑州、石家庄是火车轮子拉来的城市，上海、大连、青岛、秦皇岛是港口通航形成的城市，唐山、鞍山、玉门、大庆、平顶山、萍乡是矿山开采形成的城市。矿山、工厂、井架、火车头、港口是这些城市的历史符号，是老一辈人抹不去的记忆，很多家庭连续几代都在一家厂矿中工作，这些厂矿是城市的“源”，也是文化的“脉”，更是市民的“根”。

由于中国工业社会时代开始的时间晚于欧美，人们对工业遗产保护的认识需要一个接受的过程。随着城市化步伐的逐步加快，对工业遗产在拆与保、遗弃与利用之间存在着激烈的碰撞。这种碰撞不仅存在于个别地区，而且普遍存在于具有工业遗产资源的众多城市。近年来，我国伴随城市规划布局及产业结构的调整，过去的工业区大多变成了中心区，工业外迁的步伐加快，出现了大量的工业遗产。如何评估这些遗产并将其妥善保护、永续利用，已成为文化遗产保护领域一个极为紧迫的问题。

令人欣慰的是，许多具有远见卓识的地方政府，在大力推进当地经济社会可持续发展的进程中，重视工业遗产的保护，取得了令人称道的成绩。在对工业遗产保护逐渐形成共识的形势下，一批工业遗产得到了积极保护和合理利用。同时，我们也必须注意到，尽管近年来一部分工业遗产开始被列入保护之列，但是受法律保护的工业遗产项目仅占应纳入保护内容中的很小一部分。还有很多城市，特别是一些传统工业城市，还未将工业遗产保护纳入文化遗产保护范畴，还缺乏对工业遗产的总体评价和细致规划。

工业遗产的保护和利用需要公众的关注和参与。工业遗产的主人不仅是政府，每个人都是主人，只有当地居民自觉守护，才能保卫工业遗产的尊严，有尊严的工业遗产才有强盛的生命力。只有把工业遗产保护与城市文化建设，特别是与公众的生活紧密联系在一起，才能为工业遗产的保护与利用找到真正的根基，才能使工业遗产成为公众生活的组成部分，才能使工业遗产成为城市文化的内核与灵魂，也才能使城市成为工业遗产真正的家园。建设一个房地产项目，可以服务一个城市几十年，而保护好一个城市的工业遗产，或许会让一个城市受益上百年，同时也有助于提升市民的文化理念，使人们用辩证思维的方式去看待城市发展中的各种矛盾，平衡、协调、解决好各类问题。

感谢刘伯英教授等研究工业遗产的学者们，多年来为工业遗产的保护和利用开展了大量工作，使工业遗产引起了政府部门的重视。今天，他们又开拓了一片新领域，通过每一项工业遗产的详细说明与阐述，把我们的工业发展历史和其中有趣的人物、故事介绍给普通大众和青少年，引导更多的人，尤其是青少年群体对工业遗产产生兴趣，自觉地保护我们身边的工业遗产，这是一件利在当代、泽被千秋的好事。我非常愿意把这套丛书推荐给大家，特别是我们的青少年读者，为我们5000多年的文明史补上这极为精彩的一段，完整地看待一个悠久历史的民族，在艰难困苦中百折不回，从一个纯粹的农业国华丽转身成世界最重要的工业制造大国，树立起我们的民族自信。

单霁翔

（作者系中国文物学会会长、国家文物局原局长、故宫博物院原院长）

序 言

水是生命之源、生产之要、生态之基，城市的发展离不开清洁充足的水源供应。然而谁曾想到南京这座毗邻长江的古城，拥有自来水的过程却历尽艰辛。自公元前333年楚威王置金陵邑至国民政府定都于南京的千百年间，南京人向来是直接饮用没有经过滤治的江、河、湖、塘、井水。到了光绪年间，江宁都督府曾以官督商办的形式筹办金陵自来水有限公司，但历经两年还是以失败告终。

1929年，根据民国《首都计划》，国民政府首都建设委员会开始筹建民国首都水厂；1933年，随着民国首都水厂的初步建成，南京终于掀开了城市供水史的扉页。这座南京最早建成的水厂，是第一座完全由中国人自己设计建造的水厂，水厂的工艺水准达到当时世界先进水平，具有重要的时代意义。

1949年，新中国的成立为南京这座古城谱写出水务事业崭新的诗篇。自此，民国首都水厂也迎来了新生，更名为北河口水厂，走上了飞速发展的道路。

90多年来，水厂日复一日地把江水化作清泉，给这座古城注入新鲜血液，带来健康与活力。党的十八大以来，随着南京的发展和经济的增长，城市供水事业不断进步，采用了先进的自来水深度处理工艺，实现全面优质供水。

90多年的风雨历程，水厂在历史的长河中留下了太多的故事，随着时间的流逝，许多故事已不再为人所知。在庆祝中国共产党成立100周年之际，为重现尘封的历史，展现在党的领导下南京水务事业腾飞发展的过程，我们在南京水务历史展览馆档案资料的基础上,收集飘零的记忆，探访昔日的足迹，将一个个历史故事编撰到书中。在这本书里，你可以看到百年前的中国，有一群人学习外国先进技术，发展中国民族工业，为南京带来了汩汩清泉；你可以看到地下党员在党组织领导下奋勇斗争，保卫水厂，和敌人之间进行轰炸与反轰炸的殊死较量；你可以看到进步职工同仇敌忾，支援国家抗美援朝；你可以看到供水事业在改革开放的东风下腾飞；你可以看到水务人不忘初心，开拓创新，为城市提供优质供水，为全面建设人民满意的社会主义现代化典范城市贡献力量……

我们希望通过本书，让大家看到不同历史时期南京水务事业的成长印迹，拉近我们与历史的距离，让工业遗产可以得到更好的保护、延续与发展。我们在此邀请您一起回顾这段过往的岁月，重温那些不应忘却的记忆，共同对这份厚重的历史进行思考与传承。

目录

一 水业先声——
金陵自来水厂的创办与夭折

战国时期，楚国在国君楚威王的带领下大败越国，从越国手中夺过原来属于吴国的地盘，其中就包括现在的南京。为控制新占领的边地，楚威王在现在的南京地区设置金陵邑，并且将邑城（县城）设在“滨江临淮之要地”的石头山，称为金陵邑城。

南京的人民自从楚威王设立金陵邑开始，一直以来都从江、河、湖、塘、井之中取水饮用。到了清朝末年的时候，在南京这座古城里，一位老人带着自己的年幼孙女刚刚从河边挑水返回家中，他们正准备将挑来的水倒入缸中并加入明矾搅拌，然后等到水沉淀后再饮用。千百年来的习惯，一直传到了老人和他的孙女这里，但是他们却没有意识到历史的浪潮正在悄然无息向前奔涌，随着时代的发展，南京的用水将迎来翻天覆地的变化。

1895 年 4 月 17 日，日本的春帆楼里，李鸿章在一份早已拟好的条约上画了押，这份条约便是《马关条约》，这份耻辱性条约的签订将台湾岛、澎湖列岛、辽东半岛割给了日本，宣告了晚清三十年来的洋务运动的彻底失败。李鸿章在离开日本那一刻，悲愤地对身边人说道：“老夫此生不再踏上日本国土！”与日本签订耻辱性的《马关条约》使中国民族危机空前严重，中国半殖民地化的程度也大大加深。面对资本主义列强瓜分中国的严重危机，中华民族逐渐觉醒，各路爱国人士开始积极寻求救国救民的道路，当时“设厂自救”的舆论在一段时间之内占据了主流。一些有能力的官员、士绅、商人纷纷开始投资创办各类工厂。

◎**小贴士**

明矾：一种含有结晶水的硫酸钾和硫酸铝的复盐。可溶于水，不溶于乙醇，在我们的生活中常用于净水。天然水中常含有很多细小的悬浮物（细菌、藻类、原生动物、泥沙、黏土及其他不溶性物质）、胶体物质（如腐殖质胶体等）和一些可溶性的盐类、气体等。在除去悬浮物时，用明矾可以使这些杂质聚集起来，形成较大的颗粒而沉淀，从而起到净化水的作用。明矾有净水及灭菌作用。明矾净水是过去民间经常采用的方法，它的原理是明矾在水中可以电离出铝离子，而铝离子很容易水解，生成氢氧化铝胶体，氢氧化铝胶体的吸附能力很强，可以吸附水里悬浮的杂质，并形成沉淀，使水澄清。

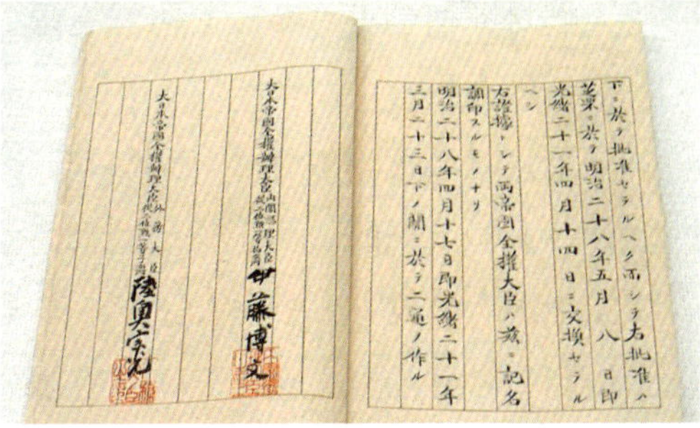

《马关条约》

清光绪二十五年（1899年），古老的南京城内发生了一件大事，南京下关正式开为商埠，成为与外国通商的城市之一，外国商轮可以经长江直接开往下关港口进行贸易。自此以后，南京下关的船流量出现了明显的增加，各路商人蜂拥而至，新建楼房、拓宽城市街道、增设码头上的货栈、开办学堂、安装路灯、设立巡警分局及清道站等，一时间热闹非凡，南京的商务呈现一片繁盛的景象。在南京建立自来水厂的条件日益成熟。

光绪三十二年（1906年），在江宁督府官员李光瑜、舒继芬的努力下，清朝商部批准了他们在南京建立自来水厂的奏折。在获得朝廷的批准后，李光瑜和舒继芬两人作为创办人找到了当时上海泰和洋行买办劳敬修。劳敬修是广东广州人，名念祖，以字行，广东高等商业学校毕业，1905年的时候出任泰和洋行买办。1906年在听到南京创办金陵自来水有限公司的消息后，一拍即合，立马加入了建设的行列中。

李光瑜、舒继芬两人和劳敬修以及其他一些参与的商人们对如何创办“金陵自来水有限公司”进行了商议。他们为创办公司，在当年的《申报》上发布了两次招股公告，分别向社会征集股银 30 万两，合计 60 万两，按每年八厘计算利息。同时，为了保证利权，金陵自来水有限公司只招中国人入股，不招洋人入股，防止利权落在外国人手中。因当时各种局限，金陵自来水有限公司准备采取分步式的建设计划，一开始先在人口多、商务繁盛的地方安装水管，然后陆续在各条街巷安装，直到水管遍布全城。水厂准备建在当时的水西门和汉西门之间，公司地址设在城南安品街。

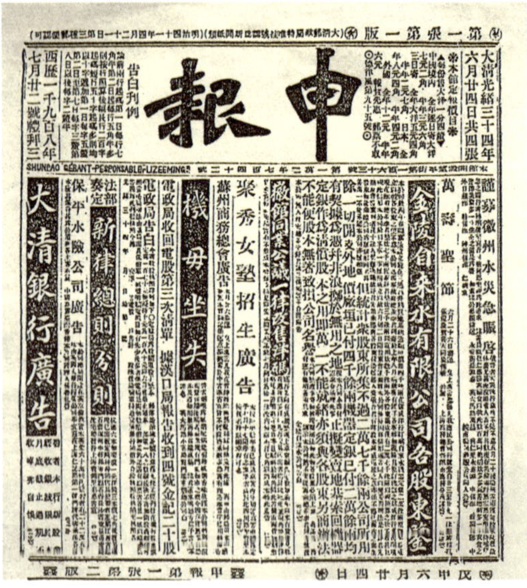
申報

大清光緒三十四年六月廿四日共四張

西歷一千九百八年七月廿二號禮拜三

告白刊例

金陵自來水有限公司各股東鑒

萬壽聖節

機毋坐失

蘇州商務總會廣告

法部奏定新律總則分則

保平水險公司廣告

大清銀行廣告

光绪三十四年（1908）登载自来水扩股公告的《申报》剪报

水厂计划建设的工程项目有：厂屋两处，混水池、高池、滤沙池、清水池各一口，清水池、滤沙池都建在汉西门石城桥西，因为这里是外秦淮河和长江相通之处，可以取长江水，虽然冬天可能会水浅，但不至于有无水可取的问题。头道抽水机三部（一部备用），二道抽水机三部（一部备用），锅炉四台，引擎二副，埋设干管 20 里，支管 30 里。预计每月成本开支：用煤大约需要白银 1200 两，修理机器水管大约需要白银 400 两，薪俸大约需要白银 1200 两，伙食杂费大约需要白银 600 两，官利银 2000 两，合计约白银 5400 两；每月售水收入：按 4 万用户每户每日取水 3 担共计 12 万担，每担取价 7 文计，每月水费收入 25200 千文，约合白银 14400 两。公司月盈余约白银 9000 两上下。

虽然政府的官员和士绅、商贾们有了接轨国际的意识，但是由于当年的人们对于自来水这种新兴事物抱有未知的恐惧，认为自来水从水管中流出，水中常常出现水泡，怕里面有毒、有阴气、不干净，甚至有的人还称其为“洋胰

◎小贴士

水西门：南京明城墙十三座明代京城城门之一，原名三山门。水西门坐东向西，面临秦淮河，其规模仅次于通济门和聚宝门（今中华门），为福船型（鱼腹型）内瓮城的主城门。水西门为水陆两栖城门，旧时南京城水路进出的主要通道。

汉西门：又称石城门，为南京明城墙十三座内城门之一，位于民国时期增辟的汉中门以南，现位于汉中门广场内。城门坐东面西，由两道瓮城、三通城门组成，门内有汉西门大街。

子水”。加上当时的中国国贫民弱，经济水平有限，公司虽然在三道高井购置了地基，向上海信成洋行定购了机器，但在没有外国资本引入的情况下，招股并没有太大的进展，光绪三十四年（1908 年）众股东所集的资金不过 2 万多两，距离 60 万两的目标过于遥远，经营惨淡，资金十分匮乏。更加不幸的是，作为主要创办人之一的李光瑜病逝，定购机器的洋行也倒闭了。

为尝试继续创办自来水厂，筹办的商人们还曾上书请愿，他们说道：“西方富强的国家都十分看重城市卫生，而城市卫生最关键的地方在于没有污秽，城市清洁。中国现在虽然有清道防疫等措施，但没有从源头去防范。每年都能在夏秋之交看到瘟疫爆发，大家都说这是天上降下来的灾难，其实他们不知道自己所喝的水都是被污染了的。每年秦淮河内河两岸的居民将垃圾、粪便往河里倾倒，喝这样的水哪有不生病的道理？除了卫生问题，还有消防安全问题，如果冬天城内河水枯涸的时候发生火灾，岂不是没有水用来灭火？创办自来水厂可以有效保护人民的财产，而这正是一个国家富强的基础啊！虽然李光瑜去世了，但是我们不忍心让创办自来水厂这个项目中止，所以我们自愿筹集了部分款项，这笔筹款我们没有经过洋人，也没有找老百姓要钱，这笔钱日后的亏损我们自己承担！恳请朝廷对我们的款项进行验资，同意我们创办自来水厂吧。”

看到商人们的请愿，清朝的官员是这样回复的：“金陵自来水有限公司在李光瑜、舒继芬的筹办下没有成功，是因为这件事需要很多资金，而且也有很大的责任。你们所筹集的款项都是借来的，又没有实业抵押，具体有什么条款，合同怎么签订这些你们也没有进行说明，我们会先把这些调查清楚，再回复你们是否可以验资开办自来水公司。”

然而因为各种原因，金陵自来水有限公司始终没有能够开工，只得于光绪三十四年宣告退股清理。

至此，金陵自来水有限公司的创办以失败告终，南京

◎**小贴士**

小火车：光绪三十三年（1907年），两江总督端方奏准清政府，动支藩库公币40万两，修筑了“沪宁线”上的铁路支线——宁省铁路（后改名为江宁铁路、京市铁路），从下关仪凤门东首之金川门入城，设置江口站、下关站、三牌楼站、无量庵（鼓楼）站、督署站（长江路）及万寿宫站（位于今白下路）共6个车站，使南京城里有了火车客运，便利了下关外埠与市内的交通。南京建成小火车后，督府加挂铁皮水车箱一节于小火车上，自下关运送长江水供督府官员们享用。一般市民无权享受，只能向挑水工购江水加矾沉淀后饮用或直接饮用井水。

小火车客运线

城的百姓依然和江河湖井为伴，饮用着不洁净的水，只有权贵人士可以喝到雨花台的二泉水和小火车从江边送来的江水。金陵自来水有限公司虽然创办失败了，但这毕竟是南京近代工业史上较早且为数不多的以民族资本创办的民生企业之一，强调利权掌握在中国人自己手中，彰显了当时爱国志士的情怀，更成了南京自来水事业的先声。

二 艰难起步——第一座国人自主建设的水厂

1927年，几经波折的国民政府定都终于画上了句号，南京这座古老的城市再一次成为中国的政治中心。一时间，南京商贾云集，人烟茂密，人口迅速增长。一直以来，南京人民所用的江、河、湖、井等饮用水渠道已不能满足人们的用水需求，当时南京虽然有古井2000余处，但因为城市内环境卫生极差，随地大小便情况严重，到夏天发生洪水的时候，河水漫出水面，将水井、便所和一些低洼的地方淹没，就会造成井水普遍受到污染。在南京著名的秦淮河沿岸，这种情况更为突出，这里是当时南京人烟最为稠密的居民区，沿河两岸的人口众多，居民们淘米、洗菜、浆洗衣服大多在秦淮河中，而粪便与垃圾也是直接倾倒其中，这些居民的饮、用、排居然都在一条河里！长此以往，秦淮河的桨声灯影与画舫凌波不见踪影，取而代之的是臭

民国时期，居民在井边用水

气熏天的河面，一条千古名河逐渐变成了让人难以接近的“臭水沟”。国民政府曾对南京的水井进行过多次检测，结果全部发现大肠杆菌，显然过去古老的饮用水方式会对南京人民的生命健康造成严重的危害。

在当时的世界上，欧美等各国都很注重改善饮水状况，他们对于饮用水安全的问题关注度与日俱增，甚至将一个国家饮用水有没有进行过改进，作为评判那个国家文明程度高低的依据。这些欧美国家在改进自来水设备及方法上，不拘一格，独辟蹊径，不断探索试验新技术、新材料、新设备、新工艺，施工中更是精益求精，整个世界自来水界呈现出各个国家相互促进、相互媲美之势，因此自来水方面的专著、新式机械物料及制水方法的发明与改进，层出不穷，你追我赶。我们再回过头来看看中国的南京，南京当时的自来水的建设与状况，非但不能与欧美各国相比，就是在国内也较其他行业落后。有的城市虽然有自来水，却都被外国人垄断了。除去一些政治因素外，主要是因为缺少自来水方面的建设

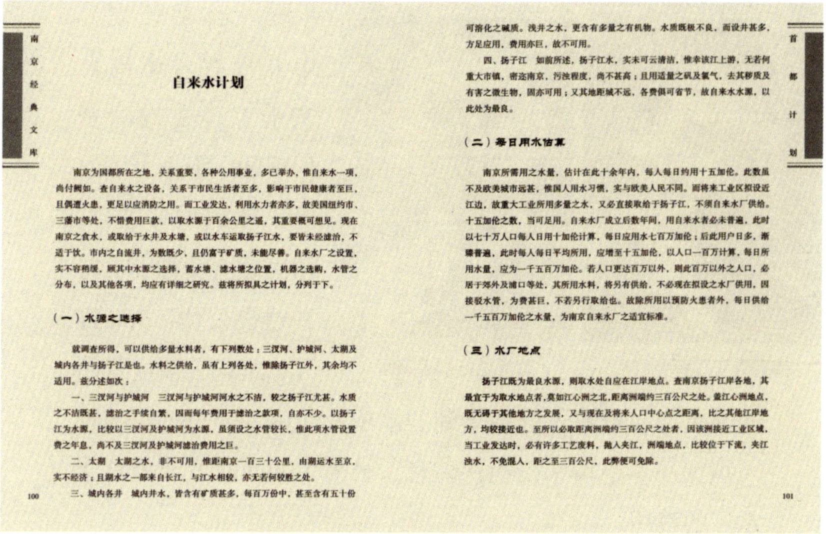

南京经典文库

自来水计划

南京为国都所在之地，关系重要，各种公用事业，多已举办，惟自来水一项，尚付阙如。查自来水之设备，关系于市民生活者至多，影响于市民健康者至巨，且偶遭火患，更足以应消防之用。而工业发达，利用水力者亦多，故美国纽约市、三藩市等处，不惜费用巨款，以取水源于百余公里之遥，其重要概可想见。现在南京之食水，或取给于水井及水塘，或以水车运取扬子江水，要皆未经滤治，不适于饮。市内之自流井，为数既少，且仍富于矿质，未能尽善。自来水厂之设置，实不容稍缓，顾其中水源之选择，蓄水塘、滤水塘之位置，机器之选购，水管之分布，以及其他各项，均应有详细之研究。兹将所拟具之计划，分列于下。

（一）水源之选择

就调查所得，可以供给多量水料者，有下列数处：三汊河、护城河、太湖及城内各井与扬子江是也。水料之供给，虽有上列各处，惟除扬子江外，其余均不适用。兹分述如次：

一、三汊河与护城河　三汊河与护城河河水之不洁，较之扬子江尤甚。水质之不洁既甚，滤治之手续自繁，因而每年费用于滤治之款项，自亦不少。以扬子江为水源，比较以三汊河及护城河为水源，虽须设之水管较长，惟此项水管设置费之年息，尚不及三汊河及护城河滤治费用之巨。

二、太湖　太湖之水，非不可用，惟距南京一百三十公里，由湖运水至京，实不经济；且湖水之一部来自长江，与江水相较，亦无若何较胜之处。

三、城内各井　城内井水，皆含有矿质甚多，每百万份中，甚至含有五十份

100

首都计划

可溶化之碱质。浅井之水，更含有多量之有机物。水质既极不良，而设井甚多，方足应用，费用亦巨，故不可用。

四、扬子江　如前所述，扬子江水，实未可云清洁，惟幸该江上游，无若何重大市镇，密迩南京，污浊程度，尚不甚高；且用适量之矾及氯气，去其秽质及有害之微生物，固亦可用；又其地距城不远，各费俱可省节，故自来水水源，以此处为最良。

（二）每日用水估算

南京所需用之水量，估计在此十余年内，每人每日约用十五加伦。此数虽不及欧美城市远甚，惟国人用水习惯，实与欧美人民不同。而将来工业区拟设近江边，故重大工业所用多量之水，又必直接取给于扬子江，不须自来水厂供给。十五加伦之数，当可足用。自来水厂成立后数年间，用自来水者必未普遍，此时以七十万人口每人日用十加伦计算，每日应用水七百万加伦；后此用户日多，渐臻普遍，此时每人每日平均所用，应增至十五加伦，以人口一百万计算，每日所用水量，应为一千五百万加伦。若人口更达百万以外，则此百万以外之人口，必居于郊外及浦口等处，其所用水料，将另有供给，不必现在拟设之水厂供用，因接驳水管，为费甚巨，不若另行取给也。故除所用以预防火患者外，每日供给一千五百万加伦之水量，为南京自来水厂之适宜标准。

（三）水厂地点

扬子江既为最良水源，则取水处自应在江岸地点。查南京扬子江岸各地，其最宜于为取水地点者，莫如江心洲之北，距离洲端约三百公尺之处。盖江心洲地点，既无碍于其他地方之发展，又与现在及将来人口中心点之距离，比之其他江岸地方，均较接近也。至所以必取距离洲端约三百公尺之处者，因该洲接近工业区域，当工业发达时，必有许多工艺废料，抛入夹江，洲端地点，比较位于下流，夹江浊水，不免混入，距之至三百公尺，此弊便可免除。

101

民国《首都计划》中的《自来水计划》

人才，以及需要投入的资本数额较大等因素，但更为主要的原因是南京人没有认识到不良饮水给人带来的危害。

当看到一份份不合格的水质检测报告，国民政府终于意识到了南京存在着严峻的饮用水问题。国民政府认为“江河水多有污染，供水卫生乃目前最为切要的公用事业”，力主提倡自来水建设，并竭力唤醒南京市民对于饮用水安全问题的注意。民国十八年（1929）春，为了解决南京居民的饮用水问题，首都建设委员会开始商讨建设自来水厂的方案。经过讨论，首都建设委员会拟定了《首都自来水计划》，这一计划当时被列入南京的《首都计划》之中。

筹备处工程师尤巽照

筹备处处长金肇组

但是《首都计划》中并没有考虑到自来水工程建设的费用问题，于是为了保障工程的顺利进行，国民政府发行了“特种建设公债”300万元，组织公债监督用途委员会，负责保管募集到的款项及使用。公债以市场收入担保还本，市车捐担保付息，公债中的200万元为筹建水厂的费用。

国民政府还邀请各类专家人士进行水厂设计，订购设备器材和招标施工。6月8日，南京市政府下发命令，让卫生局、工务局、财政局共同组织自来水筹备委员会。7月2日，南京特别市市长刘纪文让时任工务局代局长的金肇组负责组建南京特别市自来水筹备委员会。8月，南京特别市自来水筹备处成立，金肇组为处长，尤巽照为工程师，市政府命令筹备处全权负责自来水工程的建设，并且要在年初的时候完成全部设计工作。金肇组当时和人说道：“我自从上任以来，每天晚睡早起，就怕辜负了政府和人民托付。我召集各类人才，一起商讨，一起努力，结合平日工作的实际经验，全力推进水厂的建设。虽然这个过程很辛苦，经费也比较匮乏，但是大家都众志成城，努力奋斗，希望首都自来水之建设可以在短期内完成。”

在建设自来水的同时，为缓解居民的饮水问题，南京市政府还在中正街（今白下路）、夫子庙、顾楼街、科巷、北门桥、甘雨巷开凿了6口自流井。所谓的自流井，就是打到一定深度、地下水可沿钻孔上涌至地表的深水井。南京第一口公用自流井位于中正街与长白街交汇处的宁省铁路白寿宫站附近，由上海华泰机器厂承建。民国十八年（1929）11月开工，次年4月建成出水。该座4英寸口径的自流井，配置了美国造4英寸半口径冷气抽水机一台，德国造7匹马力直立式柴油唧机一台。建有钢筋水泥为基础的15英尺高、容量为25000加仑（约合113.75立方米）的铁质水塔及机器房各一座。市民可于7时至18时购票取

◎小贴士

《首都计划》：民国十六年（1927）4月18日国民政府定都南京后，发布的旨在对首都南京进行现代化改造的城市规划文件，是中国最早的现代城市规划，民国时期中国最重要的一部城市规划。《首都计划》中明确提出将首都南京一地“不独成为全国城市之模范，并足比伦欧美名城也”。计划吸收古今中外的先进设计理念，对抗日战争前的民国南京城的各项建设发挥了重要的指导作用，对于当今的城市建设仍有相当的参考价值和借鉴意义。

水。之后陆续开凿了夫子庙、顾楼街、科巷、北门桥、甘雨巷 5 口深水自流井为市民提供饮用水。

到了民国十九年（1930），自来水的前期规划已经基本完成，南京市政府成立自来水工程处，准备开始工程建设，此时自来水工程处热情高涨，提出了“建设科学化之水厂，供给最卫生的饮料”的口号。当时南京市政府决定以《首都计划》上的设计，选择长江水作为水源，长江为世界第三大河，它奔腾东下，滔滔不绝，取之不尽，用之不竭，流量大，江床稳定，稀释自净能力强，天然清洁无污染且江水浊度亦不大，十分适合用作水源。但在水源地的选择上却做出了一定的改变，夹江因为水流较为缓慢，江底较浅，不会因为季节变化出现水源枯竭和冰冻阻塞而成为水源地。为了确保水源的安全，南京市政府还指派南京市卫生局对夹江的水质进行了多次检测，检测结果显示此处的水质十分优良。

自来水工程处委派沈宜甲前往法国购买管材

沈宜甲购买的管材

前期准备完成后，工程处开始在蒲包洲汤家坝动土兴建水厂，工程处为了购买合格的进口管材，找到了当时中国第一批赴法留学生沈宜甲。沈宜甲是安徽舒城人，1901年生。1918年，沈宜甲从国立北京工业专门学校机械系毕业，随后作为中国第一批勤工俭学留学生，赴法国勤工俭学，并专攻数理，1928年毕业于法国国立矿冶大学。

沈宜甲的一生都怀有一颗赤诚的爱国之心，当年抗日战争爆发后，沈宜甲爱国心切，曾回国在桂林开办工厂，支援抗战。其间，他曾发明用无烟煤气代替汽油，并在广西桂林创建了一家无烟煤气机制造厂。1957年赴比利时，继续开展科学研究。曾先后获得30多项发明专利。1974年，沈宜甲曾应邀回国参观。其间，他曾向国务院提供了7份世界先进冶金技术的资料，受到周恩来的表彰。当时，有关方面还向他了解当年赴法开展勤工俭学运动的情况，以及蔡和森烈士的事迹。他应邀撰写了《我所知道的早期之

首都水厂开工前选址

蔡和森》等珍贵的回忆文章。

这么优秀的一位爱国人士，当然没有理由拒绝为当时中国的首都建设水厂的委托，沈宜甲立即动身前往法国购买管材，经过他的精挑细选，水厂成功从法国购买到了合格的管材。

工程处对于施工方的选择也是十分慎重，他们首先经过公开招标，厂基土方填筑、取水口、混水机室、清水机室、动力室、码头等各项工程分别由南京、上海等地实力较强的十几个营造厂家分别中标承建，每次开标市政府都派代表莅场监视，中标后双方签订合同，此举开创我国独立自主建设现代水厂的先河。

为监督工程进行，工程处调派了监工员、技术员到工地，组成临时办事处。在对水源、土壤进行多次试验后，

首都水厂施工情形

首先于民国十九年(1930)3月26日开始江边厂基第一期填土工程，由本地包土方工人管昌钧以每方一元得标承揽，雇工500余人。计共需填土两区及一路一堤，第一区包括动力室、码头、货栈、混水机间、快滤池及沉淀池范围，第二区为宿舍及清水机间，路与堤为联络第一、二两区并隔开外界之用。取土之地，原定为一部分利用江岸泥滩之沙土，一部分则在本厂预备地中挑取，不料开工没多长时间，大雨倾注，江潮暴涨，江岸取土的地方被完全浸没，只能全部改在预备地取土。厂地原为芦滩，芦根深至土中六、七尺以下，土层多为芦根穿透，纵横交错，江水从芦孔中灌注而入，再加上当时设备简陋，仅靠人工挖取挑填，且工期要求紧。因此挖掘取土时，极为困难，颇费周折。加上水灾及上海“一·二八”淞沪抗战影响，物价飞涨，工程材料售价过于昂贵，市政府又用经费不够为理由，不肯拨款，工程一时之间陷入停滞。在无奈之下，只好调整计划。

民国二十一年（1932）5月，正值马超俊出任南京市市长的第二年，在他的策划下，南京重新实施水厂工程建设计划，将自来水工程处归并市工务局，名为“南京市工务局自来水工程处”。为了早日解决南京市民的用水之急，他准备将原定计划进行一定的变更，他特别指示要工务局局长宋希尚亲抓自来水更改方案，加快工程建设，采取“局部出水计划”，先完成水厂的初步建设和市区部分路段的管道敷设，先供应一部分人喝上自来水，以后再根据政府财政能力，再对水厂的建设逐步完善。在采用了“局部出水计划”后不久，南京这座古城终于用上了自来水。

三 金陵初润——民国首都水厂建成出水

在南京市鼓楼区清凉门附近有一处丘陵山岗，山高100多米，山势椭圆，方圆约4公里，蜿蜒伸展于汉中门至定淮门一带，这就是有“六朝胜迹”之称的清凉山。清凉山内有着众多名胜古迹和历史文化遗址：战国时楚威王曾在这里设了金陵邑；三国时，东吴在这里改筑石头城；南唐时，这里是南唐帝王的避暑行宫；民国时，这里则是南京城区的水库，这座水库和同期建成的民国首都水厂掀开了南京供水史的扉页。

原清凉山水库大门

民国二十二年（1933）4月，蒲包洲边刚刚建成不久的一座水厂内有一股清泉经管道流入清凉山顶的水库，清泉在这里汇集后再流向南京的用户。看到清澈的自来水从水龙头里哗哗地流出，自来水工程处的职工们举手相庆，感叹自己三年零八个月的努力没有白费，他们终于为南京这座古城带来了自来水，他们结束了南京市没有自来水的历史，掀开了南京人民用水历史上崭新的一页。而这座由他们刚刚建成不久的水厂，更是第一座完全由中国人自己设计建造的水厂，只有机械设备、管材是从国外购买的，水厂的工艺水准在世界上可以排入先进行列，史称民国首都水厂，这在当时可是轰动一时的大事。

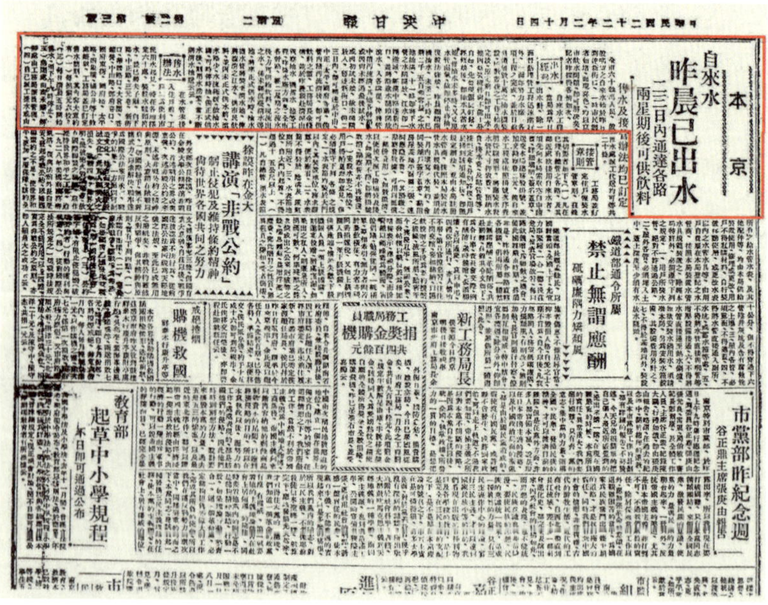

本京

自來水昨晨已出水

一二三日內通達各路 兩星期後可供飲料

禁止無謂應酬

講演「非戰公約」

新工務局長

購機救國

市黨部昨紀念週

教育部起草中小學規程

《中央日报》关于首都水厂出水的报道

民国首都水厂虽然为南京带来了第一股清泉，但是因为建设费用不足，水厂只是局部建成，初期日供水量只有约1500立方米，只能满足南京城区部分地区的供水。当时，为了调剂供水，民国首都水厂在夜间用水低谷时向清凉山水库送水，当水库在夜间蓄满水后，到了第二天白天用水高峰时就向南京市区送水。这种供水方式不但有效地缓解了民国首都水厂供水不足引起的局部缺水，更可以在遇到火灾时，提供额外增加的消防用水水量，可以说清凉山水库在当时是十分重要的。

在南京通自来水后，自来水工程处为了推广这一新生事物，在民国首都水厂开始供水后连续为市民提供了5天的免费用水。同时，又在市区建造了25座售水站，提供售水服务，售水站采用了承包制，售水站的房屋设施所有权归自来水工程处。承包人首先需要缴纳普通用户两倍的押表费作为保证金，这些保证金相当于水费的预缴款项，如果每个月水费超过了预交的保证金，那还要补交。售水站的设备如果坏了，那也需要自己花钱来维修，不过好在售水的盈利都是归承包人的，也就是说承包人卖的越多赚的就越多。当时售水站的营业时间一般是：夏天从5点到19点，冬天从7点到18点。如果是自己买的挑回去的话，一担水的售价不超过6枚铜钱；不过要是送水上门的话，那费用就要另说了。

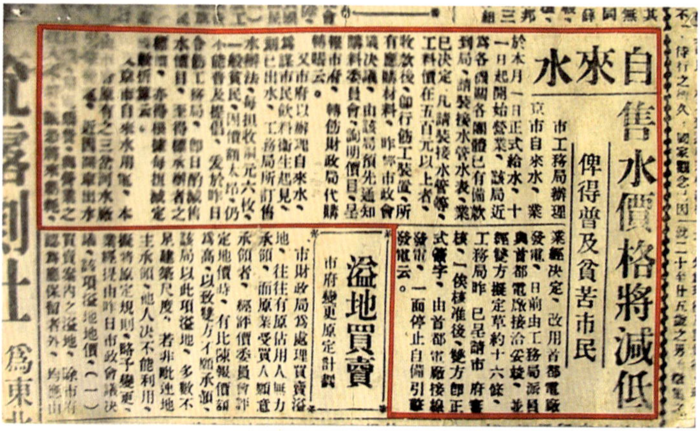

自來水售水價格將減低
俾得普及貧苦市民

市工務局辦理京市自來水、業於本月一日正式給水、十一月起開始營業、該局近為各機關各團體已有備款到局、請裝接水管水表、業已決定、凡請裝接水管等、工料價在五百元以上者、收款後、即行飭工裝置、所有應購材料、昨經市政會議決議、由該局預先通知購料委員會、詢明價目、呈報市府、轉飭財政局代購轉賬云。又市府以辦理自來水、為謀市民飲料衛生起見、業已出水、工務局所訂售水辦法、每担收銅元六枚、一般貧民、因價額太昂、仍不能普及提倡、爰於昨日令飭工務局、即日酌減售水價目、並得標承辦者之標準、亦得根據每担減定數折算云。又京市自來水用電、本由原有之三汊河水廠[illegible]業經決定、改用首都電廠發電、日前由工務局派員與首都電廠接洽妥協、並經雙方擬定草約十六條、工務局昨已呈請市府審核、一俟核准後、雙方即正式簽字、由首都電廠接線發電、一面停止自備引擎發電云。

溢地買賣
市府變更原定計劃

市財政局為處理買賣溢地、往往有原佔用人無力承領、而原業受買人願意承領者、經評價委員會評定地價時、有比原報價額為高、以致雙方不願承領、該局以此項溢地、多數不是建築尺度、若非毗連地主承領、他人決不能利用、擬將原定規則、略予變更、業經提由昨日市政會議決議、該項溢地價(一)買賣案內之溢地、除市府認為應保留者外、均應由[illegible]

《中央日报》关于南京“接水运动”的报道

然而不久之后，自来水工程处就犯愁了，他们发现除了军政机关、官员住宅区和工业用户外，一般市民根本不肯申请接水。为此，工程处曾有人去走访调查，他向一个正在井边打水的市民问道：“哎哟，你看这井水多脏啊，最近才通的那个自来水干净又卫生，喝起来多好啊。”市民抬头看了他一眼，没好气地说道：“说得好听，你给我钱去装啊！”之后，调查人员又去了几户，发现不肯接水的理由基本都是嫌收费太贵了。

于是为了推广自来水，一场“接水运动”如火如荼地开展了起来。南京的茶馆业就是这次运动中第一批被接水的对象。“接水运动”开展后，当时南京的所有茶馆都接到了市政府的通知，来通知的人说道：“根据规定，只要你们茶馆附近有已埋设的自来水管道，就必须在三个月内安装自来水。”有的茶馆老板就问道：“那要是我们三个月内没接水呢？”“那也好办，你这茶馆啊也别开了，等着关门大吉吧！”面对强硬的政策，茶馆的老板们只好妥协了。茶馆之后，南京市政府又派人前往酒楼、茶社、旅馆、澡堂、戏院、洗衣店、食品店等公共场所挨家挨户进行“劝导”，并提出除了水表的押金外，其他费用一律七折。通过这种胡萝卜加大棒的方式，大部分商家都选择了接水，成为南京第一批稳定的自来水用户。

市政府虽然可以对商家采取强制性推广，但这招对普通市民显然是行不通的。于是，南京市政府又出台了一系列优惠活动，鼓励市民申装自来水。比如只要你家是在自来水干管敷设还没有竣工时就申请装接的用户，可以享受减免装接费用的优惠待遇；设立了小口径水表优待户；发放城市贫民暑期免费用水券，降低暑期零售水价等。这一系列的优惠活动使得南京的市民们纷纷选择使用自来水。

南京的不少市民在使用自来水后惊讶地发现，以前经常出现的发热、恶心、呕吐、腹泻等病状好转了很多。这显然得益于饮用水品质的提升，尽管当时民国首都水厂只是局部建成，滤池等设备还没有完工，自来水只是经过沉淀、消毒的江水，但是其水质还是十分好的，比起原来充满大肠杆菌的河水、井水简直是优质了不知道多少倍。当时的报纸《中央日报》曾报道称：“对水中的碱度铁进行检测，发现这些元素比其他城市自来水中所含的更少。”

实际上，民国首都水厂在建成供水后，非常重视对水质的检验与监督工作。为了在快滤池没有建成的情况下确保出厂水质符合饮用标准，水厂将江水抽至水厂时，首先会加入漂白粉用来对江水消毒，加入漂白粉比例约为氯千万分之五。当江水到了沉淀池后，再加矾约百万分之四十用来澄清。最后当江水到清水机吸水口的时候还会再加适当的氯气，氯气会和水产生化学反应，生成次氯酸，次氯酸具有氧化杀菌消毒作用，它会造成细菌等微生物细胞中的酶被氧化、蛋白质因强氧化性阻止合成而死亡。经过两次消毒后，江水已经变成了自来水，通过水泵、管道输送到城中供用户使用。

此外，为了做好水质的监督，自来水工程处还会对水源、水质及水厂的清洁、卫生事项进行检测。他们在水厂内建了简易的化验室，配备一名化验员每天对源水、生产过程水、出厂水和管网水的水质进行检验，化验员每天在完成检验后还要对浊度、余氯等少数日常项目进行测试，确保水质达标。除了水厂的内部化验，南京市卫生事务所也会派人前往各取水处和水厂化验水质，他们的化验项目有色度、碱度、嗅味、炽灼消失量、铁质、氰化物、混浊度（透明度）、硬度、固定残渣、其他重金属、总固体、

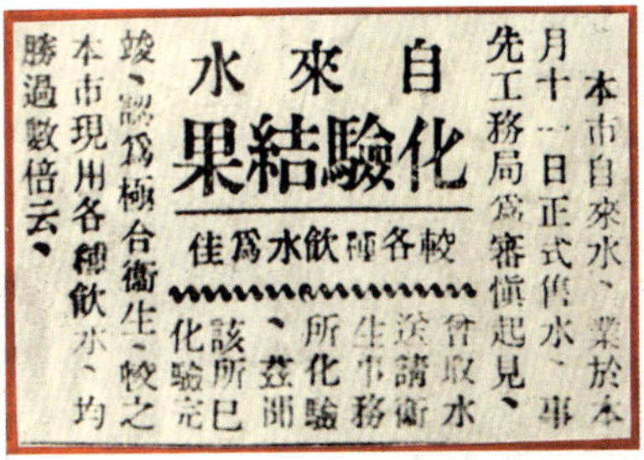

自來水化驗結果

較各種飲水為佳

本市自來水、業於本月十一日正式售水、事先工務局為審慎起見、曾取水送請衛生事務所化驗、茲悉該所已化驗完竣、認為極合衛生、較之本市現用各種飲水、均勝過數倍云、

《中央日报》关于“自来水化验结果”的报道

细菌及大肠杆菌等。中央卫生设施实验处环境卫生股也曾参加化验检查。所有的水质检验项目、方法及标准则参照美国当年规定。当时自来水工程处内部资料则是这么记录的：“出厂的水送到南京的卫生机关化验，所有化验结果都显示水质十分清洁优良，水中没有大肠杆菌的存在，超过普通饮用水标准，适合当饮用水。”这足以看出，民国首都水厂的制水工艺水平与当时的国外水平相当，在当时国内亦堪称先进。

自来水除了让市民的饮用水更加安全了，还替代了传统消防用水方式，成为当时南京最重要的消防供水来源。一些交通要点的公厕甚至已经开始设置冲式坐式便器（抽水马桶），使得南京城市的管理水平、卫生环境、防疫水平都得到极大提升，南京整体的伤寒、霍乱等传染病也得到了有效的控制。

就这样到了 1936 年的时候，南京自来水用户已经超过 4000 户，自来水一时间供不应求，自来水厂的扩建事项显得极为迫切。

于是南京开始按照原计划对水厂扩充建设。首先为

京麒路增压站内景

1937 年水厂扩充续建

了防止因为单根出水总管损坏导致全市停水的不利局面，从水厂至汉西门又敷设了第二根出水总管，出水总管直径 600 毫米，长度 4150 米，两根出水总管在末端互相连接，形成环状，提升城市安全供水。其次，为进一步提升出厂水水质，扩大出水量，在水厂内部增建了 2.75 万立方米 / 日沉淀池、5.5 万立方米 / 日的快滤池、3500 立方米容量清水池、610 立方米容积冲洗水塔各 1 座。最后，在厂区外还新建了黄浦路、京麒路等增压站来提升水压。

◎小贴士

增压站：自来水厂的水由水厂经管道输送到用户过程中，由于用户多，楼层高，水压压降后，使得有些地方上不去水。必须在途中某些地方增加泵站作二次加压。这些地方是自来水厂增压站。

此时，自来水厂的职工们看着即将扎好外壳钢筋的快滤池，浇筑好钢筋混凝土、打好基桩的清水池、沉淀池，眼里充满了希望，他们相信在不久之后扩建工程就会完工，南京的自来水事业将迈上一个台阶。但是战争的阴云逐渐笼罩了这座古城，日本人的铁蹄让民国首都水厂的扩建工程不得不停下了脚步，水厂扩建工地的施工人员相继走避，选择辞职回老家避难，水厂的续建工程已经完全呈瘫痪状态了。

1937 年秋水厂工程告顿

◎小贴士

清水池：为贮存水厂中净化后的清水，以调节水厂制水量与供水量之间的产差额，并为满足加氯接触时间而设置的水池。清水池是给水系统中调节水厂均匀供水和满足用户不均匀用水的调蓄构筑物。清水池作用是让过滤后的洁净澄清的滤后水沿着管道流往其内部进行贮存，并在清水中再次加入液氯进行一段时间消毒，对水体的大肠杆菌等病菌进行杀灭以达到灭菌的效果。清水池的有效容积包括调节容积、消防用水量、水厂自用水和安全储量。水厂的调节容积可凭运转经验，按照最高日用水量估算。

四 铁蹄蹂躏的岁月——那些不可磨灭的铁证

1937年7月7日，伴随着卢沟桥的一声枪响，日本侵略者又一次露出了他们丑恶的嘴脸，他们按捺不住自己的狼子野心，发动了全面侵华战争。1937年淞沪会战爆发之后，日军为能早日侵占南京，占领当时中国的首都，毫无顾忌地使用法西斯手段，于8月15日开始对南京实施空袭。9月25日，日本空军的轰炸，从上午9点半一直持续到下午4点，其间日军共出动轰炸飞机95架次，向南京城内投下了约500枚炸弹。南京的首都电厂、首都水厂、水厂附近的广播电台，甚至就连下关难民收容所都在此次轰炸中成为日军的目标。据水厂老职工王福康回忆：“日军的飞机基本每天都要来炸个两三次，轰炸可能持续了近半个月或者更久，厂里的漂白粉池和其他设备经常被炸坏，但我们每次都冒着生命危险加班加点对其进行修复，始终没有停止供水。”

从1937年8月开始轰炸到12月南京沦陷，日军对南京为时四个月的轰炸造成了难以估计的伤亡。根据日军总部在1937年12月18日发布的公告中称：8月15日至12月13日，日军共空袭南京50次，参与飞机达800多架，投弹共160吨。日本海军航空本部教育部长大西泷治郎则称日军共轰炸南京36次，出动飞机600架次，投下约300吨炸弹。日本历史学家笠原十九司则认为空袭次数应在110次以上。由南京市地方志编纂委员会编纂的《南京人民防空志》中则记录南京共遭到空袭118次、投弹达1357枚、市民死亡430人、重伤528人，房屋全毁24所、1607间，此统计不仅不完全，还仅指南京城区的普通市民，不包括被炸死或因此受伤的中国军人以及郊区农民。尽管日军对于南京轰炸没有确切的数字，但是其对于平民进行惨无人道的轰炸的事实是不可磨灭的。

1937年12月8日，日军全面占领了南京外围一线防御阵地，开始向外廓阵地进攻。此时水厂内的职工正在紧张地忙碌着，为了保护国有资产不落入日寇的手里，他们拆卸水厂设备准备西撤，因时间紧迫，他们只来得及拆除了水厂一、二泵房的各一套机泵。在西撤的过程中水厂的职工分为了几批，大部分携带拆除的设备西撤，而少数人则留下来坚守水厂。据亲历此次事件的王福康老人回忆，在西撤的时候，国民政府国防部可能是病急乱投医了，甚至准备派人来炸毁水厂，准备通过这个方法阻滞日军侵华行径。幸好在国际红十字会难民委员会的干预下，民国首都水厂才得以存续。那些选择西撤的人是很舍不得离开的，但是没有办法，最后还是和留守人员做了告别，嘱咐留守人员好好守住水厂。

12 月 13 日，千疮百孔的古城南京落入了侵华日军的手中，民国首都水厂则被日军中将师团长藤田进率领的第三师团占据，水厂运行的主动力输送电线遭损伤，没有来得及拆走的机泵被大火烧坏，清凉山水库口径 750 毫米出水总管被炸毁，80% 的配水管线在战火中受到严重损伤，南京的供水被迫中止。此时南京的机关、工商营业户及居民大多受战火蹂躏，被迫逃亡，日军所至，十室九空。而在随后的一个多月里，日军更是开始了丧心病狂的暴行，制造了骇人听闻的南京大屠杀惨案，他们奸淫掳掠，无恶不作，30 万以上的中国军民惨遭杀害。

藤田进

由于日军的这些暴行，南京的供水基础设施遭到了严重的破坏，已经无法提供正常的供水，这让占领南京的日军感到非常不方便。于是不久之后，日军便委托日商兴中水电股份有限公司来接管并修复水厂。于是，兴中水电股份有限公司立即从日本调派了技术人员来到南京，展开水厂的具体经营及修复工作。

这些技术人员一到南京便被眼前的惨状震惊了，负责修理供水管线的兴中公司南京支店水道部长三轮时太郎在日记里写道："1938 年 2 月 3 日我从东京乘船出发，2 月 6 日到了上海。16 日凌晨 4 时我坐着一辆无篷货车到了南京，我到了南京感到全身冷透骨髓。我没有看见什么人烟，只看见荒凉田野上有着大群的寒鸦，民房大多被战火所烧毁，不少尸体裸露在大街上。到了宿舍，我发现屋子里没有电，只能凭借蜡烛进行照明，我顺着烛光看去，只见室内到处都是毁坏的家具、纸屑堆积如山，我只好焚烧这些被毁坏的家具来取暖。第二天，我出去工作的时候发现大街上到处都是弹痕和硝烟，而我们的工作器材和修复管线所需要的材料却十分缺乏，管线图更是没有一张，我们只能不停地试挖路面去找管道。"

而被任命为水厂厂长的大石芳太郎则在日记里这么记载："我是 2 月 14 日去的水厂。当时汉中门已经戒严，所以我们走的是水西门外的那条路。我们在经过一处监狱时看到那里中国士兵尸体横陈，分布在路两侧的水田中，尸体多得数都数不清，估计有好几百具以上。这些尸体由于长时间浸泡在水中，已经开始肿胀，皮色如白蜡，在水中随水摇荡着……记得好像在2月19日，我和佐佐木一起荷枪实弹，拿着修理工具准备去工作，在途中又看到不少中国士兵的尸体，有些尸体的脸被野狗咬得像绽开的石榴一样。我过了很久才觉得心里好过些，我回头看了看佐佐木，发现他的脸色有点发白，我估计我的脸色可能也和他一样……”

这些技术人员修复被战火损坏的水厂设施和管道设施工作一直到1938年底才结束，整整持续了一年，这足以看出水厂遭到了多么严重的破坏。后来，日军为了进一步满足自身的用水需求，又将水厂并入日伪合资共建的华中水电股份有限公司，准备对民国首都水厂没有完成的续建工程、清凉山水库以及厂区内配套工程进行续建完善。在这期间，日军敷设了很多为日本军方、慰安所等地方服务的管道工程。

“慰安妇”制度是当时日军的另一项暴行，他们在南

◎小贴士

兴中股份有限公司：由日本国内五大电力会社组成的电力联盟，其目的是在战时对中国电气企业提供技术及资金，掠夺中国水、电资源，为侵华军事服务，以实现日本“将中国水、电事业一元化管理体制”的经济侵略野心。南京沦陷初期，城市自来水事务由日军方第三师团藤田部队经理部（在南京玄武区花家巷）军管。

京建造了大量的慰安所用来侵害妇女。今天，南京的利济巷慰安所旧址陈列馆在当时便是其中之一，大量的平民妇女在这里惨遭侵华日军的蹂躏虐待。当时的受害人之一朴永心老人在回到南京指认慰安所时曾一度情绪崩溃：“你们什么也别问我了，一问这些问题，我就回答不下去了，我实在是受不了了，昨天已经跟你们说好了，不要再问我了！日本人太可恶了，他们在这儿把我们不当人看待，我的青春就在这消失的，我这辈子也不会饶恕日本人，我恨不得把他们通通捣碎，把日本鬼子打死，通通地打死……”

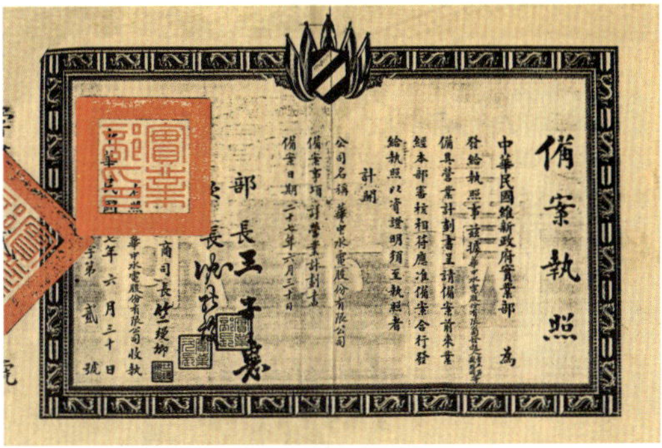
備案執照
中華民國維新政府實業部　為
發給執照事茲據
備具營業計劃書呈請備案前來當
經本部審核相符應准備案合行發
給執照以資證明須至執照者
計開
公司名稱　華中水電股份有限公司
備案事項　計營業計劃書
備案日期　二十七年六月三十日
部長　王子惠
華中水電股份有限公司收執
年　六　月　三十　日
字第　貳　號

华中水电营业执照

在今天的南京水务历史展览馆里陈列着一张供水卡片，这张供水卡上清楚地记载着以下信息：昭和十四年（1939），利济巷 3 号，用户名处“慰安所”……这张后期发现的供水卡片，不但说明了当年日军恢复水厂供水只是为自己侵略的需求，更是日本侵略军在南京确实设立“慰安所”的直接佐证。

利济巷的慰安所是二战期间日军在亚洲建立的最大规

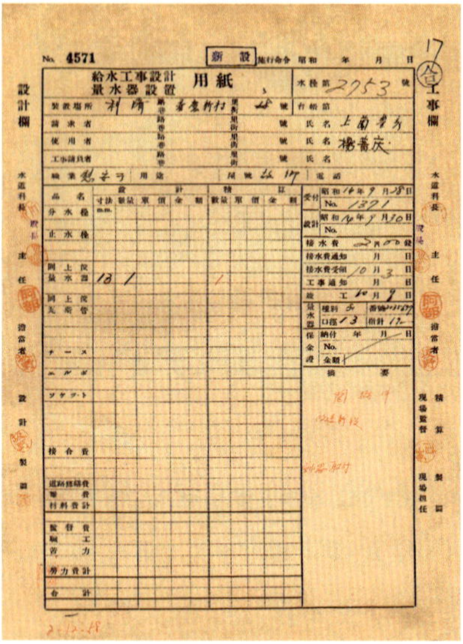

记载着慰安所地址的供水卡

模、保存最完整的慰安所。

因为日军只为满足自身需求，在其占领南京期间，南京的自来水发展停滞不前。直到1943年3—4月间，南京城区用户才恢复到全面抗日战争前的户数，到日本无条件投降前夕，1945年5月，自来水管线总长度190多公里，较战前只增长10公里，日供水在3万—4万立方米之间徘徊，而损失水量高达48%以上。整整8年！民国首都水厂在落入日军的手中之后，自来水事业的发展一直止步不前，实在是让人悲叹的事情。

◎小贴士

利济巷一带的慰安所旧址：利济巷2号的“东云慰安所”（又称“东云旅馆”）、利济巷18号的“故乡楼慰安所”、科巷南寿星桥口的“吾妻楼慰安所”。南部的“东云慰安所”关押朝鲜籍妇女，北部的“故乡楼慰安所”住着日本籍慰安妇。

五　望水兴叹——“杯水车薪”的水厂续建工程

1945 年 8 月，美军分别在日本广岛、长崎投下原子弹，苏联红军也对日宣战，出兵中国东北。中共中央主席毛泽东则发表了《对日寇的最后一战》的声明，他号召中国人民一切抗日力量立即举行全国规模的大反攻，与盟国一起对日本进行最后的决战。在世界反法西斯总反攻的浪潮中，日本法西斯主义就像只残破的小船，他们的失败已无可避免。8 月 15 日正午，日本裕仁天皇向全日本广播，接受《波茨坦公告》、实行无条件投降，战争结束了，中国人民胜利了！

中国战区受降仪式场景复原

为庆祝抗战胜利，当时的政府宣布全国即日起放假 3 日。民众狂欢，噩梦结束了！中国人民脸上都洋溢着胜利的喜悦，他们拥上街头，马路上挤满了自发游行的市民；他们载歌载舞，阻断了交通；他们张灯结彩，敲锣打鼓，爆竹声震耳欲聋。他们用各种方式热烈庆祝抗日战争的胜利结束。《新华日报》发表评论说：“全中国人都欢喜得发疯了！这是一点也不值得奇怪的，半世纪的愤怒，50年的屈辱，在今天这一天宣泄清刷了。8年间的死亡流徙，苦难艰辛，在今天这一天获得了报酬了。中国人民骄傲地站在战败了的日本法西斯者前面，接受了他们的无条件投降，这是怎样的一个日子呀！谁说我们不该欢喜得发疯？谁说我们不该高兴得流泪呢？”

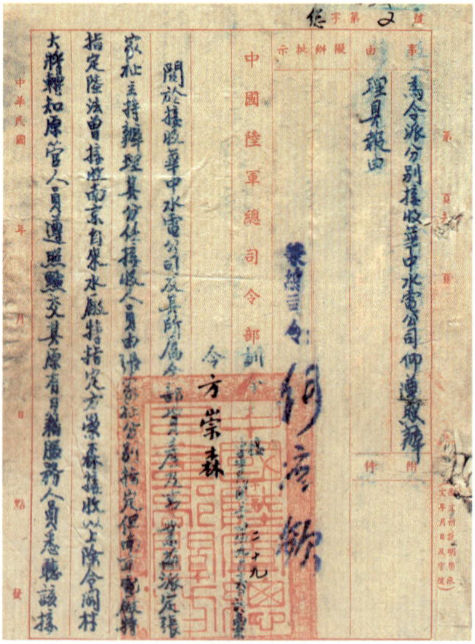
中國陸軍總司令部訓令
令 方崇森
總司令 何應欽

何应钦签发的接受令

1945年9月9日上午，南京城内城外，彩旗飘扬。中国战区日军投降签字仪式在国民政府中央军校大礼堂举行。中国战区陆军总司令何应钦在验签了冈村宁次等人的代表签降的证明文件后，当场将该证明文件留下，接着他命令将两份分别以中、日文印制的日军《降书》转交冈村宁次阅读签字。冈村宁次光着脑袋，神色黯然，匆匆阅过《降书》，随即在两份《降书》上分别签字，再从上衣右口袋里，取出圆形水晶图章一枚，盖在其签名之下。中外记者莫不抓紧这一稍纵即逝的时刻，拍摄下这一具有重大历史意义的镜头。

在签约仪式后不久，国民政府当局便开始进行南京的接收工作。1945 年 9 月 16 日，国民政府经济部电业司司长张家祉奉中国陆军总司令何应钦签署的命令，让南京自来水管理处方崇森会同首都电厂陆法曾分别接收日伪华中水电股份有限公司南京支店的水厂、电厂。在接收之初，仍然采取水厂、电厂合并经营的方式，后来在继续维持水电业务的原则下，逐项进行划分，划分工作一直持续到 10 月 15 日，此时水、电两个行业正式分离。方崇森担任自来水管理处处长，负责管理民国首都水厂。

当民国首都水厂的职工们重回阔别 8 年之久的故地，他们非常地兴奋，也十分地开心，可这份喜悦的心情并没有维持多久。很快，他们就发现水厂的供水设备被日本侵略者占据了 8 年的时间，损坏十分严重。水厂的沉淀池因年久失修，破裂漏水。沉淀池的投药设备原装的 15 匹马力电动机连同混合机全套两座，1.5 匹马力电动机加矾机全套一具及清水池液氯加入机一座等都被日本人拆走。电气设备中的两台 750kVA 变压器、一台 250kVA 变压器和

清水机泵房

一台 225kVA 变压器也都已经遭到损坏，无法继续使用。起着蓄水作用的清凉山水库的蓄水池也因为年久失修出现漏水的情况，直接导致市内经常发生停水。因为这些原因，民国首都水厂每天的平均出水量仅仅约为 34100 余立方米，全市管线 190 余公里，自来水用户只有 3876 户。

看着这些损坏的供水设施，水厂的职工们感到十分痛心，为此他们很快便开始组织对这些设施进行维修。那段时间里，职工们各司其职，有的人在水厂配电间修复 750kVA 变压器；有的人在三汊河边对出水总管进行改装和修复三汊河过河干管；有的人在维护增压站，保障输水安全及调整全市水压；有的人在检修全市破漏水管，减少漏水造成的损失……经过他们的不懈努力，南京很快告别了每天分区停水、限制用水量的不正常情况，恢复了全市昼夜正常供水。

在恢复正常供水后不久，自来水管理处的处长就叫来了化验股的股长，对他说道：“我们现在已经基本恢复了南京城区的供水，但是保量的同时我们得保质，水厂的化验工作也要尽快恢复起来，设备方面你不要担心，我会尽快安排，要尽快做好全面开展化验工作的准备，保证水质。”

有了处长的支持，水厂内的化验室很快便建好了，化验室设置在水厂的冲洗水塔内，配备有物理、化学、细菌试验等仪器设备，可以完成化验水质常规检测项目 20 个左右。化验股的工作人员每天首先会分别前往水厂夹江的取水口、沉淀池、清水池进行取样，在取样完成后便会回到水塔的化验室内对自来水进行物理和化学检测，检测采用美国公共卫生协会（APHA）标准。除此以外，化验股的工作人员还会定期对水厂外的管网水进行采样分析，采样的范围包括军政机关、使馆区、工商业户、娱乐场所、茶楼、酒肆、水炉、水站、居民等。这类检测一般平均每周进行两次，化验项目有游离氯、浊度、细菌数、大肠杆菌等四项。

至此，在水厂职工们的集体努力下，民国首都水厂不但恢复了运行，水质也得到了很大的提升。

1946 年 5 月 5 日，国民政府宣布还都南京。一时间，大量的人口涌入南京，用水量也与日俱增，南京市区供水逐渐变得紧张起来。缺水的情况在下关、鼓楼一带尤其明显，因鼓楼地势较高，下关离水厂又较远，加上用水的人变多了，所以经常出现自来水只能供应到鼓楼前面一带的情况，老百姓之间流传起了“楼”下有水、“楼”上无水的说法。请各位读者试想一下在炎热的夏天，如果无水可用你会有什么想法？更何况南京还是中国著名的三大火炉之一。于是，有的用户就忍受不了，写信投诉。用户在信里写道：“这大夏天的，气温这么高，天气这么热，家里怎么老是断水啊？这可怎么活啊。”面对用户的抱怨，当时的自来水管理处也没有什么办法，只能对用户进行安抚，他们这样回复道：“天太热了，用水人太多了，我们也没办法，等天凉快了情况就会好些了。”

不过这套说辞很快便不被用户所接受了，因为到了秋天的时候，天是变凉快了，但是水却还是经常没得用，南京用户的意见也越来越大。此时，面对南京日益增长的人口，民国首都水厂的供水压力越来越大，当时水厂所有能投入生产的设备均处于满负荷运行的状态，可水厂的供水量却仍然远远不能满足南京市民的需求。一时间，南京城内增建水厂、加强供水系统，保证饮用水和消防用水的呼声日益高涨。

面对日益高涨的扩建呼声以及南京供水量远远不足的

严峻形势，国民政府也有点坐不住了，国民政府让行政院给自来水管理处拨款了200亿元的同时，又让卫生部在美国援华医药补助费中给自来水管理处拨款了300亿元，作为增加供水设施扩建的经费。

这笔扩建的经费让自来水管理处喜上眉梢，他们立刻就成立了扩充工程室，由戴进总工程师、范纯一正工程师负责主持制定了《紧急扩充工程计划》。之后，根据计划，扩建工程开始依次实施，首先是对民国首都水厂内的清水机、浑水机进行改装，增加了其机泵的马力，并在清水机室的西侧又延伸增建了一座清水机室用来备用。其次是对鼓楼、下关这些缺水较为严重的地方进行专项工程，比如鼓楼一带地势特别高，经常出现水压不足的情况，施工人员就根据实际情况将这一带的水管进行改装，并为鼓楼增压站增添了机泵，在一定程度上改善了鼓楼一带的水压不足的情况。不过相对于鼓楼地区，下关地区的工程就比较失败了。当时，为了增加下关地区的供水量，自来水管理

水厂紧急扩建

处准备利用首都电厂冷却废水在首都电厂对面建设下关临时水厂。然而，这项工程最后因为各种原因并没有完工，加上水厂在设计之初就没有考虑建设过滤设施，导致水厂的水质无法得到保证，因此这座水厂一直闲置没有使用，直到后来遭到废弃。

到了 1949 年 4 月，经过扩建，水厂的日供水能力达到了 6 万立方米，管网总长度 309 公里。根据《紧急扩充工程计划》，自来水管理处本想将民国首都水厂的日供水量能力增至 8 万立方米，可惜因为此时国民政府的经济体系已经崩溃，扩建经费出现严重不足，所以这一目标终究没能实现。紧急扩充工程虽然在一定程度上缓解了问题，但终究是“杯水车薪”，无法改变南京供水紧张的局面。

六　黎明前的黑暗——与国民党腐败统治的斗争

对于张灵甫这个名字相信大家一定不陌生，这位国民党的中将在抗战后所统率的74师全部美械装备，经过美军训练，号称国民党军中的王牌，不过在孟良崮战役中号称王牌的74师却被中国人民解放军华东野战军全歼，他本人也在这场战役中被击毙。

但大家可能不知道的是，这位骄横跋扈的将军在驻守南京期间还和民国首都水厂有过一段小插曲。作为蒋介石的嫡系，张灵甫这个人经常恣意妄为。在抗战胜利后，张灵甫曾身兼首都警备司令的要职，而他的部队则驻扎在南京的卫岗一带，是南京的用水大户。可是74师却总是以上级没有划拨专款、部队经费不足为理由拒缴水费，每次负责收水费的职工上门时，都会被这类理由所搪塞，当收费员还想说什么的时候，便会被卫兵“请”出来了。一个师的水费可不是一个小数目，为此收费员可谓跑破了“铁鞋”，然而却没有什么效果，半年过去了，74 师依然一分钱没交过。后来，对方甚至搬出了蒋介石作为挡箭牌，说上峰已经找过了蒋委员长，蒋委员长说他们 74 师可以不交水费了。

这下收费员彻底没办法了啊，只好去找上级领导。可自来水管理处一听，觉得这个事自己也管不了，就又往上报给了工务局。到了工务局那，工务局也觉得难办，只能连忙汇报给市长马超俊。汇报人和马超俊说道：“要是其他人看到 74 师可以不交水费，都学 74 师找委员长免水费，那这日子可就没法过了啊，自来水还怎么产？请市长帮帮忙，出面协调下，让 74 师把水费交了。”

马超俊一听，心想这是蒋委员长的指示，我要是去让张灵甫交水费，他不到委员长那去告我一状？蒋委员长哪能得罪得起呢，可这水费要是不交，水厂的运行也是个问题。马超俊心中一盘算，计从心来，就联系 74 师说道：“既然委员长说了不收，那以前 74 师所欠的水费就不收了吧，后面的水费你们该缴的还是得缴，不然没经费，这南京的供水怎么维持呢？蒋委员长没水喝了怎么办？后面还请一定按时缴纳水费啊。”

马超俊

实际上，这个小插曲是当时社会

环境的一个缩影，当时这些军政机关、里弄大户凭借自身的特殊势力以各种理由、各种方法拒缴水费。据统计仅仅从 1945 年 11 月至 1946 年 11 月欠费总金额就达 5.3 亿元之多。

正所谓上梁不正下梁歪，政府高层腐败，下面的人自然也跟风学习。在这种大环境下，自来水管理处内部的经营管理十分紊乱，上下贪污成风。当时自来水管理处领导更换频繁，三年内竟然换了 6 个人，每到处长更换的时候，都会有一批和处长关系好的技术管理人员和工人任职，又有一部分人员遭到解雇，真可谓“一朝天子一朝臣”。民国首都水厂上班的工人每天都是提心吊胆，生怕自己明天

◎小贴士

马超俊（1885—1977）：字星樵，广东台山人，中华民国时期著名政治家，毕业于日本明治大学。早年加入同盟会。后投靠蒋介石，发起组织孙文主义学会。曾参加国际劳工大会。历任广州特别市国民党党部执行委员会委员兼工人部长、国民政府劳工局长、广东农工厅厅长兼建设厅厅长、南京市长、广东省党部整理委员、广州市党部指导委员兼宣传部部长、民运部长、中央训练部民众训练处处长、华北党务特派员、中央训练部长、中央社会部副部长、组织部副部长、农工部部长、第六届国民党中央执行委员和第一届“国大代表”。

就被解雇了。当时，有一个女职工因为怀孕了需要休产假，她拿着假条到了处长办公室请求他批假，处长看了看假条，竟然二话不说直接把她给开除了。在这种情况下，水厂职工和自来水管理处的矛盾便也越来越大。1947 年，国民党高官吴思豫的儿子吴航勉被任命为自来水管理处处长。

作为一个官二代，吴航勉自然也不能免俗，他早就想好要怎么帮自己的亲信准备工作了。可他没想到的是，当他带着亲信来到民国首都水厂的时候，迎接他的不是鲜花，而是黑乎乎的枪口，他被架着机枪的工人们挡在了水厂大门外。原来，水厂厂长许卓事前听说新来的处长又要安排一大批自己的亲信，便气不打一处来，本来这供水形势就紧张，天天换员工，人心都不稳了，还怎么工作？当他在办公室里来回踱步的时候，他突然想到了自己的司机任福有，任福有这个人能言善辩，在水厂工人中很有威望，让他来把工人组织起来，或许是个办法。想到这里，许卓立刻让人把他的司机任福有给找了过来。

许卓

任福有一过来，许卓就把吴航勉准备安排自己亲信的事情和他说了，希望他能团结工人一起对抗。因为管理处此前的举动早就让水厂职工感到不满，任福有一听完许卓的话就火了，拍着胸脯说道：“厂长，你就放心吧。我看那姓吴的怎么进水厂的门！”

这进不去大门，还怎么上任？吴航勉只好上前和工人们进行沟通。不过双方的沟通显然不怎么愉快，吴航勉始终不肯做出不解雇工人的承诺，于是有一些情绪过激的工人一边大喊“不干了！”一边跑到水厂的配电房把闸给拉了，导致南京整座城市都停水了，引起了轩然大波。后来，为了这事水厂特地举行了全市记者招待会向市民说明停水真相。在水厂职工们又和吴航勉经过了多轮谈判后，吴航勉才勉强答应不解雇员工，双方才得已和解。不久之后，吴航勉被上级以没有威信和贪污的理由调离了岗位。

水费的欠缴和管理层的混乱，让民国首都水厂的经营一日不如一日，甚至到了无法支付工人工资的地步。为了争取工人们应有的利益，民国首都水厂职工又发动了争取发放生活费及遣散费的斗争。面对团结一致的水厂工人，市政府只能很不情愿地出面向银行界抵押厂产，暂时申请了一批贷款，结清了职工的薪金。

拿到拖欠的工资，本该是一件高兴的事情，可是工人们很快就发现这点钱根本什么事都干不了，甚至连一袋米都买不起。米店老板看着他们手里的钱问道：“你们天天收那么高的水费，怎么还就这点钱？”“你说得容易，钱

金圆券

又不是进我口袋，这点工资还是我们拼命弄来的呢！”

原来，在抗日战争胜利后，蒋介石不顾全国人民向往和平的意愿，强行发起内战，战争使得国民政府军费急剧增加，政府财政赤字直线上升。国民政府为了支付军费大量印刷法币，导致各地物价疯狂上涨，国民党统治区社会经济已然面临崩溃。1948 年，通货膨胀已达恶性时期，法币急剧贬值，为挽救其财政经济危机，维持日益扩大的内战军费开支，国民政府决定以金圆券取代法币，强制将民间的黄金、白银和外币兑换为金圆券。这种滥发金圆券、搜刮民间财富的做法再次加剧了恶性通货膨胀，致使大量城市中产阶级因此破产，导致政府民心大失。

当时的通货膨胀离谱到了什么程度呢？我们拿水价来举例，1948 年 1 月起，自来水价月月攀升，8 月水价达到了每立方米 48 万元。而到了 9 月水价为每立方米（金圆券，下同）0.16 元，年底为 5 元，相当于原来的法币 1500 万元。此后涨价周期不断缩短，涨势越来越猛。1949 年 1 月至 4

月共上调水价 14 次，在接近解放的 4 月份 20 天内上调 5 次，4 月 20 日起水价每立方米高达金圆券 26400 元（折合法币 792 亿元），为抗战后 1945 年 10 月每立方米 50 元（法币）的 15.8 亿倍，水价如此上涨，历史罕见！

时间	单价	币制	时间	单价	币制	时间	单价	币制
1936	0.20	法币	1948.7	158,000.-	法币	1949.5	0.0056	统一水价
1945.10	50.-	法币	1948.8	480,000.-	法币	1949.7	0.0175	统一水价
1946.1	80.-	法币	1948.9	0.16	金元券	1949.8	0.04	统一水价
1946.3	200.-	法币	1948.11	0.96	金元券	1949.10	0.035	统一水价
1946.4	210.-	法币	1948.11	2.75	金元券	1949.11	0.07	统一水价
1946.6	254.-	法币	1948.12	5.-	金元券	1949.12	0.135	统一水价
1946.10	261.-	币法	1949.1	11.-	金元券	1950.2	0.22	统一水价
1946.11	638.-	法币	1949.1	25.-	金元券	1950.2	0.25	统一水价
1947.2	746.-	法币	1949.2	64.-	金元券	1950.3	0.35	统一水价
1947.6	1,500.-	法币	1949.2	103.-	金元券	1950.4	0.28	统一水价
1947.7	3,000.-	法币	1949.2	148.50	金元券	1950.5	0.26	统一水价
1947.9	3,300.-	法币	1949.2	270.-	金元券	1950.6	0.245	统一水价
1947.10	3,700.-	法币	1949.3	230.-	金元券	1950.8	0.187	统一水价
1947.11	4,700.-	法币	1949.3	311.50	金元券	1964.12	0.15	统一水价
1947.12	5,900.-	法币	1949.3	684.-	金元券		农业 0.06 水站、市政、泳池 0.07	
1948.1	10,300.-	法币	1949.3	825.-	金元券			
1948.2	15,000.-	法币	1949.4	1,505.-	金元券	1973.9	0.12 农业、水站、市政、泳池 0.07	统一水价
1948.3	21,000.-	法币	1949.4	2,380.-	金元券			
1948.4	33,000.-	法币	1949.4	4,010.-	金元券	1984.7	0.12 工业 0.18 水站、市政、泳池 0.07	统一水价
1948.5	41,000.-	法币	1949.4	7,430.-	金元券			
1948.6	53,000.-	法币	1949.4	26,400.-	金元券			

南京解放前和南京解放后的水价统计

黎明的前夜是黑暗的，但是曙光终究会到来，随着国民政府当局经济崩溃，贪腐成风，尽失民心，国民党的军队也在解放战争的战场上节节败退，民国首都水厂即将迎来它的新生。

七　日月换新天——水厂翻开历史新篇章

南京解放前夕，在国民党节节败退的军事形势下，面临崩溃的国民政府已经开始预谋退路。当时，国民党当局下令要求各城市重要工厂的技术人员、设备都要跟随部队进行撤退，迁往台湾，对不能搬走的工厂设备则要进行破坏。为了保护国有资产不受损失，在中国共产党的领导下，各工厂的工人们团结一致开始进行护厂斗争，民国首都水厂也在南京市党的地下组织统一领导和组织下，由党员邵学炳秘密发动职工成立工人纠察队，开始了一场没有硝烟的战争。

邵学炳

在那个时候，负责执行迁台计划的官员和宪警特务时不时来到民国首都水厂。一开始的时候，他们会找工人们进行谈话，花言巧语地劝说工人们填写搬迁志愿书。在一次和职工的座谈中，迁台计划的负责人说道：“你们看，这共军就快来了，我们这水厂也要搬迁了，只要你们填了这张表就可以和我们一起去台湾，一样有班上，不填那就只有请你们走人了。”

面对对方的威逼利诱，一名工人纠察队的成员上前说道：“别搞这些虚的，跟你们走？上个月的工资还没发呢！让我走人也行，发我遣散费！”他的话一说完，其他队员赶忙也上前纷纷附和。

“对！发钱！！不发钱不走人！！！”

……

面对这种情况，政府官员也知道工作没法做了，只有悻悻地走了。后来，随着解放军的逼近，国民政府也不再进行劝说，直接准备开始进行设备搬迁，每天他们都会派宪警特务到水厂强行逼迫工人们搬迁。

工人纠察队看着来势汹汹的宪警特务，觉得硬碰硬不是办法，于是他们决定巧施计策，拖延搬迁进度。有一次，一个宪警看到一个工人在那磨洋工，便把他抓过来问话：“你怎么干活的！这点设备拆了这么久还没拆下来？！”工人皱着眉头答道：“天天都吃不饱，哪有劲干活啊，要不长官你给我来点吃的，我保证一下午就拆完！”这个宪警就心想：反正这事搬快搬慢都捞不到油水，难不成还想让我掏钱？于是就挥挥手让工人走了。

其实，这名工人正是工人纠察队的一员，他是在故意消极怠工。其他队员看到他回来便打趣道：“装得不错啊。”

但他却着急地说道：“别开玩笑了，我刚才回来的路上看到有一台设备被搬上车运走了！”

“没事，没事，我们早把里面的东西都拆下来了，他们搬走的不过是个空壳。”

“哈哈，好啊，真有你们的！”

……

就这样，水厂职工一边开展护厂斗争，保护国家人民财产，一边坚守自己的岗位，保证供水不中断，直到4月23日南京解放。

1949年4月23日凌晨，天还没有亮，国民党在水厂的驻军察觉到大势已去，纷纷开始向下关方向仓皇逃窜，当时的自来水管理处处长刘芷勋也抛弃水厂，逃之夭夭。察觉到时机的来临，工人纠察队立刻组织水厂职工取出日本人撤离时留下的两挺轻机枪、一架高射机枪和三只步枪，有组织地对水厂进行戒备。为了生产及职工安全起见，工人纠察队还组织人员沿厂外围墙巡回察看，防止散兵游勇、敌特人员、地痞流氓乘机进行破坏活动。到了晚上，因还没见到解放军，水厂便派出两名职工进城向解放军寻求保护。午夜时分，两名职工成功与解放军汇合，带着一排实枪荷弹的解放军跑步进入水厂。看到解放军来了，大家心里的石头终于放下了。解放军在了解水厂内部情况后，立即布防设岗，设置警戒线，水厂混水机室、清水机室轰鸣的马达声仿佛在庆祝水厂的新生。水厂快滤池工人张敬增感慨地说道：“人民当家了，工厂是工人自己的了，得好好保护！”厂长许卓看见解放军的一举一动后，感叹道：“自来水事业我干了十三年了，从没见过像解放军这样纪律好的队伍，保护我们工厂的武装同志，严守厂内秩序，妥善防护本厂，使厂内工作能够顺利进行。”新生的民国首都水厂也换了一个新名字——北河口水厂。

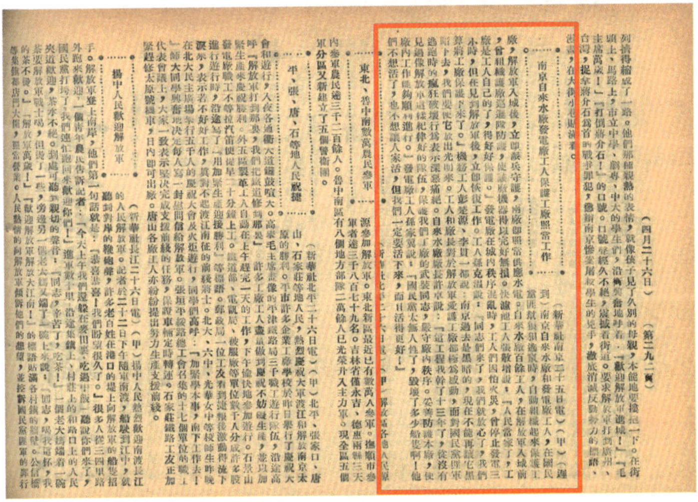

南京自來水廠發電廠工人保護工廠照常工作

（新華社南京二十五日電）（甲）（遲到）南京自來水廠和發電廠工人，在國民黨匪幫狼狽逃竄時，自動組織起來保護工廠，解放軍入城後，立即派兵守護，兩廠即照常供應水電。自來水廠百餘工人，曾組織護廠巡邏隊防護，使該廠機器得以完好無損。快濾池工人張敬增說：「人民當家了，工廠是工人自己的了，得好好保護。」發電廠在城內秩序混亂時，工人們因怕火災，曾停止發電三小時，但在見到解放軍後，立即恢復工作。工人孫克溫說：「同志們來了，我們就放心了，我們算將工廠保護下來了。」機務工人彭楚源、李貫一都說：南京過去是黑暗的，現在不能再讓它黑暗下去，我們要使它放出光明來。工人和廠長對於解放軍愛護工廠都極為感動，而對國民黨匪軍逃跑時的瘋狂破壞行為表示深惡痛絕。自來水廠廠長許卓說：「這工程我幹了十三年了，從沒有見過像解放軍這樣紀律好的隊伍，保護我們工廠的武裝同志，嚴守廠內秩序，妥善防護本廠，使廠內工作能夠順利進行。」發電廠工人孫家冕說：「國民黨太無人性了，毀壞了多少船隻啊！他們不想活了，也不想讓人家活，但我們一定要活下來，而且活得更好！」

1949 年 4 月《人民日报》报道解放军进驻水厂

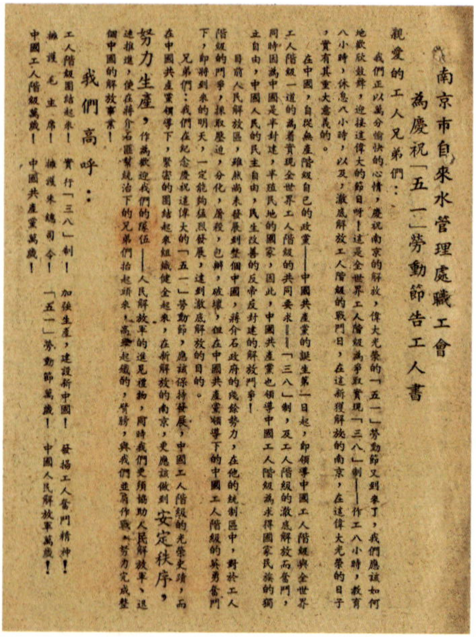

南京市自來水管理處職工會

為慶祝「五一」勞動節告工人書

親愛的工人兄弟們：

我們正以萬分愉快的心情，慶祝南京的解放，偉大光榮的「五一」勞動節又到來了，我們應該如何地歡欣鼓舞，迎接這偉大的節日呀！這是全世界工人階級為爭取實現「三八」制——作工八小時，教育八小時，休息八小時，以及，澈底解放工人階級的戰鬥日，在這新獲解放的南京，在這偉大光榮的日子，實有其重大意義的。

在中國，自從無產階級自己的政黨——中國共產黨的誕生第一日起，即領導中國工人階級與全世界工人階級一道的為着實現全世界工人階級的共同要求——「三八」制，及工人階級的澈底解放而奮鬥，同時因為中國是半封建，半殖民地的國家，因此，中國共產黨也領導中國工人階級為求得國家民族的獨立自由，中國人民的民主自由，民生改善的反帝反封建的解放鬥爭！

目前人民解放區，雖然尚未發展到整個中國，蔣介石政府的殘餘勢力，在他的統制區中，對於工人階級的鬥爭，採取壓迫，分化，屠殺，包辦，破壞，但在中國共產黨領導下的中國工人階級的英勇奮鬥下，即將到來的明天，一定能夠猛烈發展，達到澈底解放的目的。

兄弟們：我們在紀念慶祝這偉大的「五一」勞動節，應該保持發展，中國工人階級的光榮史績，而在中國共產黨領導下，緊密的團結起來組織健全起來，在新解放的南京，更應該做到安定秩序，努力生產，作為歡迎我們的隊伍——人民解放軍的進見禮物，同時我們更須協助人民解放軍、迅速推進，使在蔣介石匪幫統治下的兄弟們抬起頭來，高舉起鐵的，臂膀，與我們並肩作戰，努力完成整個中國的解放事業！

我們高呼：

工人階級團結起來！ 實行「三八」制！ 加強生產，建設新中國！ 發揚工人奮鬥精神！

擁護毛主席！ 擁護朱總司令！ 「五一」勞動節萬歲！ 中國人民解放軍萬歲！

中國工人階級萬歲！ 中國共產黨萬歲！

为庆祝“五一”劳动节告工人书

为了庆祝南京的解放和即将到来的“五一”劳动节，水厂工人印发了《“五一”劳动节告工人书》的传单，号召广大水厂工人努力奋斗，早日实现“三八制”工作制度（一天8小时工作，8小时学习，8小时休息），为全中国解放事业贡献力量。在水厂的篮球场上，职工们还组织了一次与解放军的联欢，大家自演自唱庆祝劳动人民翻身解放。水厂洋溢着热闹欢悦之情，这是建厂以来从来没有过的。

南京刚解放时，社会关系错综复杂，国民党反动政府官僚机构林立，组织臃肿庞大，这些人大部分和国民党反动派、特务分子存在千丝万缕的关系，还有一些帮会势力也与国民党反动势力相结合，成为社会罪恶的毒瘤。敌人撤离时留下大批特务和散兵游勇，他们和地痞、流氓勾结在一起经常进行捣乱破坏，加上金融、物价动荡不定，整体社会秩序十分混乱。

为了更好地接管南京，1949 年 4 月 28 日，南京市军事管制委员会成立，刘伯承、宋任穷分别担任正副主任，军管会一成立便开始组织接管工作。水是生活的基本需求，因此找到一个接管水厂的合适人选是非常重要的，军管会在研究讨论的过程中，一位首长想到了王嘉猷。

王嘉猷是江苏南京人，1925 年 4 月出生，1941 年上高中时参加党的秘密外围组织“青年救国社”，1943 年考入南京“中央大学”土木系，参加了“倒樊”斗争和反对日伪统治的清毒运动，1945 年 11 月加入中国共产党。他从抗战胜利后到南京解放，一直在南京和上海从事党的地下工作。

王嘉猷的父亲曾赴日本留学学医，回国后在南京福音里 3 号开设了一家私人诊所。因为这里病人进进出出，便于地下工作者掩护身份，所以王家很快成为中共南京市委公务员工委开会和活动的地点。

王嘉猷

1948 年底，为迎接南京解放，中共南京市委决定调查国民党中央和地方机关所在地情况。由于此项工作要查阅大量档案资料，进行详细调查核实，稍有疏忽，就容易被国民党军警特务发现。若能把多名党员集中到一起来完成这项任务，会安全隐蔽很多，

福音里 3 号的全家福

而此时王家已有 5 名中共地下党员。因此，陈修良与时任中共南京市委公务员工委书记的王嘉谟商量，决定在王家成立家庭地下党支部，支部书记为王嘉猷。

当时，家庭党支部的主要任务是在其他党员的配合下，完成对在南京的国民党中央和地方机关详细情况调查工作，然后标注在地图上并制成表格。因为王嘉谟和王嘉猷都是学建筑专业的，他们绘制的图纸非常清晰。大嫂傅积嘉主要负责核对、修改地籍图、更正登记册等。当其他地下党员来开会的时候，家里的弟弟妹妹就会在附近站岗放哨。

在家庭党支部的共同努力下，他们整理出一整套按地区划分的南京市国民党各级机关单位的地籍图和登记册等资料和一套按国民党组织系统制作的图表。这些调研材料后被编入作为接管依据的《南京概况》和《南京调查》。根据这两套材料，军管会在南京解放的短短一个月时间内，就顺利地完成了对国民党政府 1191 个机关单位及 1930 处房地产的接管工作。由于任务完成得及时而出色，军管会主任刘伯承司令给予了家庭地下党支部高度的赞扬和评价，他说道：“这套报告最好，让人头脑清醒。”

家庭党支部成员。前排右起大哥王嘉谟、大嫂傅积嘉；后排右一三弟王嘉训、右二四弟王嘉言

军管会的人一听王嘉猷的事迹，也都觉得非常合适，就决定让他来接管水厂。

于是会议刚结束，他们便通知王嘉猷前往军管会副主任宋任穷的办公室。那一天，年仅24岁的王嘉猷来到了位于鸡鸣寺旁的原国

◎小贴士

南京市军管会：1949年4月28日，中国人民解放军南京市军事管制委员会成立，刘伯承任主任，宋任穷任副主任。自此日起，军管会分别按照军事、行政、财政经济、公安、文化教育、交通、国营企业等系统派出军代表，接管国民党在南京的各级统治机构。凡人民解放军初解放的地方，应一律实施军事管制，取消国民党反动政权机关，由中央人民政府或前线军政机关，委任人员组成军事管制委员会和地方人民政府，领导人民建立革命秩序，镇压反革命活动，并在条件许可时召集各界人民代表会议。军事管制时间的长短，由中央人民政府依据各地的军事政治情况而定。

民政府考试院，这里是南京市军管会的办公地。在军管会里他遇到了另一位接到通知前来的鲁平同志，在寒暄过后，他才知道原来鲁平和他一样也是被通知过来谈话的。于是他们俩一起走进了宋任穷的办公室，准备接受组织给他们安排的重大任务。

宋任穷见到两人后，严肃地对两人说道：“目前南京虽然解放了，但是形势还不是很稳定，而电厂、水厂是稳定社会秩序的关键，水和电对于我们工作和对老百姓十分重要，因此电厂一天都不能停，水厂更是一个小时都不能停！鲁平同志，接管电厂的任务就交给你了，水厂方面就交由王嘉猷同志负责。”

“领导，要是停了呢？”王嘉猷问道。

“军法从事！”

安排完任务后，宋任穷看到王嘉猷还穿着做地下工作时的西装，便将自己身上的军服脱了下来，递给了王嘉猷：“时间紧，任务重，你先拿去穿上。”自己则换上了之前洗下来还没晾干的另一套军装。看到王嘉猷穿上了军装，他又说道：“你的任务是非常重要的，你不但要防范敌人的轰炸，迅速完成抢修，还要防止敌人的投毒和破坏。防轰炸，我给你部署了一个高炮团，防投毒需要你做好日常巡查，我一会让秘书再给你发一张特别通行证，你一定要完成好任务！”不一会，秘书把特别通行证拿来了，他对

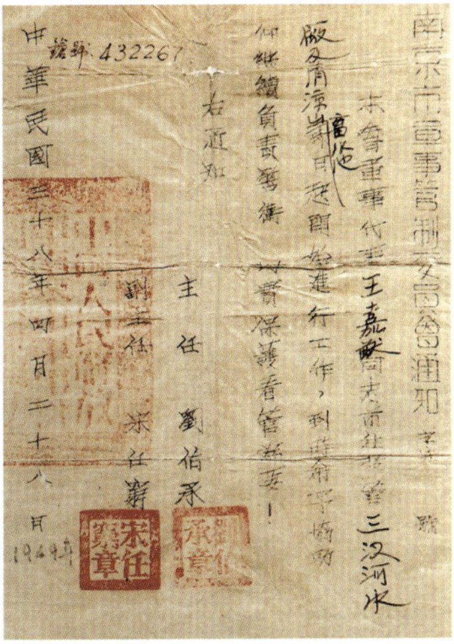
南京市軍事管制委員會通知 字第 號
主任 劉伯承
副主任 宋任窮
中華民國三十八年四月二十八日

军管会委任王嘉猷同志为水厂军代表的委任状

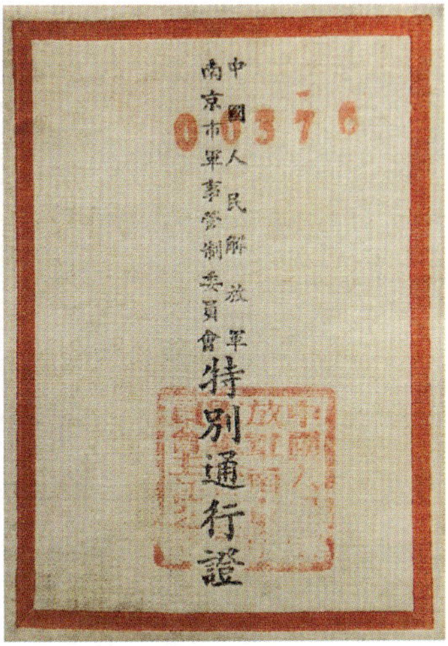
中國人民解放軍南京市軍事管制委員會特別通行證

南京市军管会特别通行证

王嘉猷说道：“请好好保管，有了这张通行证，你可以出入南京的任何地方。一般只有正军级以上干部才会有这个通行证，你的这张本来是给柯庆施同志的。”看到军管会领导对水厂如此重视，王嘉猷顿时感到自己责任重大，一刻也不敢耽误，立即带着警卫员等人前往水厂。

说来有趣，王嘉猷来任职的时候还闹出过一个小误会。当时，水厂这边的职工很快也听说马上要来一个军代表，也纷纷议论和打听起来了。

“听说马上要来的那个军代表，日本人还在的时候就搞什么清毒运动了。”

“哎哟，那是个老革命了啊。”

“你看，来了，来了。”

王嘉猷和警卫员一进水厂，就被工人纠察队的队员们围住了，队员拉着警卫员就往台上跑，一上台他们就对下面的人说道：“这位就是新来的军代表……”只见他话还没说完，厂长许卓就赶忙跑过来指着身后的王嘉猷说：“你们干什么呢，拉错人了，这位才是军代表王嘉猷同志！”原来，纠察队的队员们听说军代表是个老革命，便认为他的年纪不会小，当他们看到24岁的王嘉猷和30来岁的警卫员的时候便认为警卫员才是军代表了。

任职宣布完后，王嘉猷立即投入水厂的工作中，在这之后的一年里，北河口水厂的职工在王嘉猷的带领下与国民党反动派之间进行了轰轰烈烈的斗争。

八　邪不胜正——水厂职工捍卫新中国自来水事业

虽然南京已被解放，但是当时全国还有部分地区仍掌控在国民党反动派残寇的手中，国民党反动派不甘心他们的失败，不间断地对南京重要的城市设施狂轰滥炸。国民党反动派的飞机相继轰炸了下关、浦口和南京城区，而南京长江航运码头、下关发电所、津浦铁路车站和北河口水厂正是他们的重点轰炸目标，国民党反动派企图通过这种暴行造成混乱，扼杀新生的人民政权。为此，全厂职工在军代表王嘉猷同志的带领下展开了一场反轰炸与轰炸，正义与邪恶之间的较量。

北河口水厂水塔外景

面对严峻的形势，

解放军管控了南京市内各主要供水接口，防止敌人投毒和破坏，专门部署了一个高炮团的兵力用来防范敌人轰炸，同时为增强水厂附近的防空力量，还特地安排了一个高炮连进驻江心洲和清凉山。为了保险起见，王嘉猷还组织职工把水厂的建筑物都涂上了伪装保护色，并在水厂内部成立了警卫大队，组织全厂员工白天防空，晚上值守，在遇到轰炸后警卫大队还要负责紧急抢修，确保正常供水。警卫大队分为三个班，昼夜巡逻、值勤、站岗，随时应付可能发生的不测。为了便于检查和处置各处工作，王嘉猷还特地向许卓要了一辆车，并特别吩咐道：“车子不要小轿车，最好配一辆性能好的吉普车，这样可以急驶急停，便于躲避敌机轰炸。对了，车子上还要加装装甲。”

那段日子里每天上午一到 10 点，国民党的空军便驾驶 B29 轰炸机，准时盘旋在水厂的上空。他们丧心病狂地对水厂进行轰炸和扫射，在轰炸过程中敌机共向北河口水厂附近投下炸弹三十多枚，炸死一人，炸伤六人。有一次，在空袭中水厂加氯间被炸毁，清水池被炸得震裂，水厂的出水管被炸坏，自来水四溢，喷涌的水柱达 5 米多高，但在警卫大队及时抢修下，这些设备很快就被修复了。而水厂浑水池和清水池之间的加氯器更是被敌机炸坏了好几次，这是水厂用来过滤和清洁水质的重要设施，但因维修难度大，加氯器每次被炸坏，四五天都修不好。不过好在

护厂队巡逻，当时水塔已被涂装成迷彩色

水厂职工经验丰富，他们采取用漂白粉加过滤的方式，保证供水不受影响。

在后来的轰炸中，王嘉猷所乘坐的这辆吉普车，也成为敌机的首要攻击目标。那段紧张的日子里，吉普车在保卫水厂的过程中留下了多处弹孔，甚至被炸坏过多次。有一次，眼看一颗炸弹就要击中吉普车，王嘉猷赶紧让司机吴宝生踩刹车，车一停两人就从车里跳了出去，两人刚跳出车，炸弹就落在了车前，加装了装甲的吉普车几乎被炸得报废，而两人则头朝下地趴在江堤的斜坡上，人几乎掉入江中。那段时间，每一次巡查都是与死亡为伴。为了应对轰炸，王嘉猷的司机吴宝生动了不少脑筋，研究如何避开敌机，避开炸弹的落点。他虽然文化程度不高，但是经验丰富，肯动脑筋，他和王嘉猷找到相关专业人员，了解到敌人飞机在进行轰炸时必须要俯冲。于是每次当敌人来轰炸时，他就认真观察，很快他发现飞机在俯冲轰炸时会发出嗡嗡的声音，只要这时加以躲避，敌人的飞机便炸不到目标了。就这样，凭借着吴宝生的细微观察，甚至通过飞机俯冲时的嗡嗡声，他们每次都能躲避飞机和炸弹落点。王嘉猷在日后回忆起这段经历时分析道：“当时敌人很可能已经判断出我们的吉普车是水厂领导巡查用的，所以才对吉普车进行了如此频繁的攻击。”

面对敌人的频繁空袭，水厂工人们心中只有一个信念：只要人还在，设备还在，就一定要想方设法保证出水。在这段艰难的日子里，水厂职工众志成城，他们一边冒着生命危险，坚守工作岗位，一边开始了紧张的修复自救工作，力争把轰炸造成的损失降至最低，从而粉碎了国民党反动派妄图炸毁整个水厂的阴谋。在前后大约一年的时间里，水厂虽然多次遭受到敌人轰炸破坏，但没有停水一天，保证了南京城的生产、生活用水，稳定了社会秩序。

到了 1950 年 6 月，朝鲜半岛发生战争，以美国为首的西方国家乘机介入，企图向东亚地区渗透扩张，败退至台湾的国民党反动派借此机会也蠢蠢欲动，公然叫嚣要“反攻大陆”。各地暗藏的反革命分子见此情形，利令智昏，开始得意忘形，纷纷露出了自己反动的面目，国内的反革命活动日益猖獗。这些反动派们在群众中散布谣言，制造事端，残杀革命干部和积极分子，甚至公然袭击政府。面对这种情况，国家立即展开行动，一场以打击特务、土匪、恶霸和反动分子为重点的“镇反”运动在全国展开。此时，虽然轰炸已经结束，但是水厂警卫大队依然保持着日夜巡逻、站岗。有一天晚上，负责巡逻的警卫大队队员在快滤池附近发现有一个形迹可疑的身影，他们赶紧悄悄地上前查看。他们定睛一看，发现这个人竟然是水厂的一名职工，他正准备对快滤池的设备进行破坏。见此，警卫大队立刻上去将其扑倒，把他抓了起来。后来经过审讯才发现，原来他是潜伏在北河口水厂的一名特务。在这件事后，水厂进一步加大了巡查力度，通过对重要区域、设备的紧密监视，在全厂职工上下协力同心下，配合公安部门逮捕了7名潜伏在水厂内部的反革命分子，粉碎了国民党特务妄图破坏水厂机器设备、造成市内大规模停水的阴谋。

护厂巡逻

除了防范敌人的外部破坏，北河口水厂还积极加强自身的建设。

南京解放之初，因为管线漏损率高，水厂损失十分严重。针对当时的形势，水厂大力精简冗员，将水厂的富余人员于1950年组织成立调查研究队，以降低损失率为目标开展前所未有的工作，调查研究队分为人事组、用户组和管线组，分工合作。调查研究队对全市管线、用户进行了普测普查，着力更换漏水管道，加强市政用水、自来水管理，清查偷盗水、小流用水等违章现象。队员们还大力创新检漏测漏技术，自制听漏棒、铜饼震落式听漏器，首创全市分区测漏法，制定管道允漏量三级标准，以检定管网损漏情况。队员们还积极利用群众的力量，发动市民踊跃报漏。经过普查普测，队员们基本摸清了南京的地下水管管线走向。

有一次，调查研究队的队员们为了寻找一个暗漏点，

南京解放后组织的调查队

特意避开白天嘈杂的时间段，连续几夜通宵奋战，直到确定漏点位置为止。经过三年多的努力，到 1953 年末，损漏率已经从 50.42% 降到了 14.43%。1954 年，调查研究队撤销，工作职能并入水厂输水车间，建立了固定的检漏测漏队伍，成为经常性生产工作。1957 年建设部在北京、天津首次召开全国城市自来水工作会议，北河口水厂的职工郑兆平荣幸地被推选为代表，向参会人员介绍当时为全国瞩目的调研工作经验。

在保证水厂正常生产的同时，水厂还积极开展扫盲工作。开展小学文化、部分中学文化及少量高等文化教育，并开展以“师徒合同”为主要形式的班组内的实践技术教育。1950 年开始，水厂开了四个扫盲班，以注音字母为“拐棍”，速成汉字扫盲，工人们一下班，连晚饭也顾不上吃，就急匆匆地赶往水厂大课堂，参加集中教学，人人情绪高涨。通过扫盲学习，水厂摘掉了 90% 的青壮年的文盲帽子。此外，工会还鼓励职工业余参加区办的中学文化和专业教育，水厂甚至选送一些职工到上海同济大学函授班、南京大学及南京业余工业大学深造，这些深造的人员相继获得大专以上学历，成为以后水厂的主要领导骨干。

在党的领导下，在北河口水厂职工的全体努力下，南京全市供水一天都没有中断过，不但捍卫了回到人民手中的自来水事业，更是欣欣向荣地走向了新的发展。

九 支援前线——抗美援朝中水厂职工的爱国情怀

1950年，英雄的中国人民志愿军将士，高举保卫和平、反抗侵略的正义旗帜，雄赳赳，气昂昂，跨过鸭绿江，同朝鲜人民和军队一道，抵御帝国主义侵略扩张。

抗美援朝、保家卫国，当时志愿军得到了全国人民的全力支持，亿万群众慷慨解囊、支援前线，北河口水厂的职工也纷纷参与其中，展现了高涨的爱国情怀。

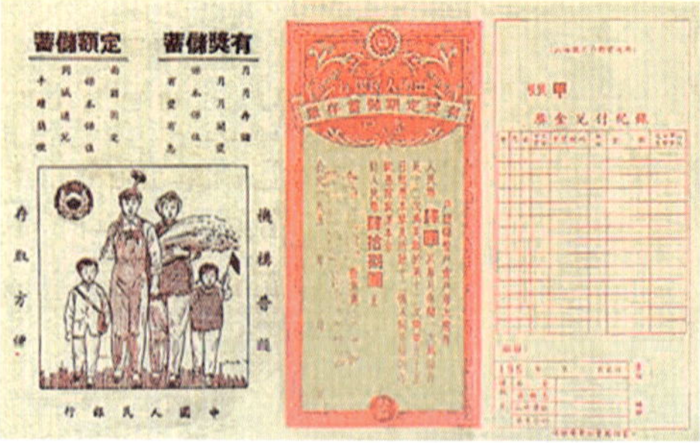

中国人民银行“有奖定期储蓄存单”

由于国民党反动派在败退前利用金圆券等方式大肆搜刮黄金，并将其运往了台湾。在新中国成立之初，国家财政十分困难，为了筹集国家建设资金，鼓励群众踊跃参加储蓄，中国人民银行于 1950 年 12 月开办零存整取定期有奖储蓄活动，存期一年，按月摇奖兑奖，以 10 万整户为一开奖单位，以部分利息作为奖金，部分利息作为到期利息。

那时的大街小巷，处处张贴着为有奖储蓄摇旗呐喊的宣传画。虽然画面的表现手法略显生硬，但传导的理念朴素而直白："参加有奖储蓄，对国家建设有贡献，对个人生活有帮助。"为了帮助国家累积资金从事经济建设，七成以上的水厂职工参与了有奖储蓄。一天，水厂接到了上海打来的电话："你好，我是中国人民银行。这次的有奖储蓄开奖了，中奖的是你们自来水厂的马永泉、仲培元、李遵道、徐目洲，四个人都中 100 万元。恭喜你们啊！"

听到这个消息，大家纷纷向马永泉等人道喜。可是当人们向李遵道祝贺的时候，李遵道不声不响地把手中的报纸递给了大家看，他指着上面的一篇报道说道："你们看，朝鲜战场上现在需要大量的药品，南京医药界已经开始捐赠物资了，我也要尽一份力！"说完，他便向工会办公室走去。一进门，他就向领导表示自己要捐赠 100 万元支援抗美援朝的战士们。"我中奖和志愿军战士打美国鬼子是分不开的，没有他们打敌人、保卫国家，我哪会中奖？"

当时由于新中国成立没多久，国民党遗留下来的通货膨胀仍然存在，所以第一套人民币的数额都很大，最大的甚至有 5 万元，这套人民币和新人民币的兑换比例是 1 比 10000，也就是说 1 万元第一套人民币可以换新人民币 1 元。捐了 100 万元就相当于捐了整整 100 元，当时的 100 元和现在的 100 元可不一样，足以购买到很多东西了。

这一消息很快传遍了全厂，马永泉一听到这消息就说：“我早就把钱准备好了，没想到让老李给抢先了，这下让我向他看齐吧！”于是他不但捐了 100 万元，更是又开了两个储蓄账户，向里面存钱支援国家建设。徐目洲是个老工人了，他当时正在外面办事，听到消息后立马从下关赶到厂里，兴奋地说道：“我做了几十年工了，一直给人欺负，多亏了共产党、毛主席，他带领我们工人站起来了，处处都很爱护我们，我以后还是节省过日子，我也要捐 100 万！”可消息传到了仲培元那，他却犯了愁。原来，仲培元的情况很特殊，他母亲生病一年多了，负了很多债，他回去后想了一个晚上，还是决定为了支援抗美援朝，捐出了 40 万元。

陈德华

在这种氛围下，北河口水厂职工的爱国情绪高涨，在国家发出了签订《爱国公约》的号召后，水厂的 38 个工会小组，在党支部的领导下，纷纷签订了《爱国公约》。在修订《爱国公约》的时候，恰逢水厂的劳动模范

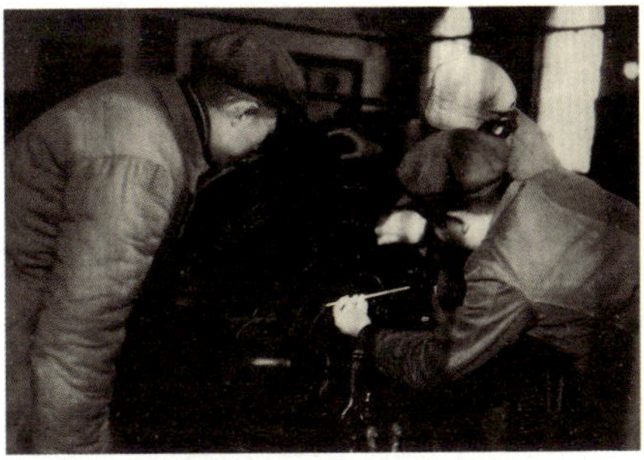
陈德华检查马达运转，查看温度计情况

陈德华要前往北京参加全国劳动英雄模范大会。陈德华是水厂的第一位劳模，在新中国成立初期，中国所使用的水表大多为外国货，国产水表使用得很少。在西方国家对我国实行经济封锁后，因为无法购置水表和零件，加上当时国产水表的产量较少，给居民生活和自来水厂的发展都带来了很大影响。为此，陈德华和张家荧一起研究开发了新的

◎小贴士

《爱国公约》：抗美援朝运动的产物，是人民群众表示爱国决心和爱国行动的一种方式。1951 年 6 月 1 日，中国抗美援朝总会发出了《关于推行爱国公约，捐献飞机大炮和优待烈军属的号召》。全国各厂矿企业、机关、学校、街道、农村的各级组织以至各个家庭都从自己的实际出发，围绕着抗美援朝运动订出了具体的爱国公约，并相应建立了经常性的领导机构来监督和执行公约。据 1951 年 7 月统计，参加订立《爱国公约》的户数与单位，在农村约占 70%，在城市约占 90%。《爱国公约》成了广大群众的爱国行动纲领，成了大家共同奋斗的目标。通过《爱国公约》的形式，各界人民把自己的爱国思想与实际行动结合起来，将爱国热情变为巨大的力量。

水表校验器。这种校验器在全国首创使用稳压水源校验水表灵敏度，并且专门制定了灵敏准确度的标准，使水表的生产和修理有了更可靠的依据，大大提高了国产水表的产量和质量。他在临行前的欢送大会上号召道：“同志们，我们要一起拥护国家，响应国家的号召，签订《爱国公约》。但是我们不能只签约，我们还要一起搞好生产，互相竞争，争做劳模，以后大家一起去见毛主席！”

《爱国公约》的签订和劳动模范陈德华的号召，让水厂内掀起了生产竞赛、互相学习进步的热潮。在签订《爱国公约》之前，北河口水厂只有陈德华所在的小组愿意参加生产竞赛，他们向最早以个人的名字命名的全国劳模班组马恒昌小组进行了挑战，而到了水厂签订公约后，有 12 个小组参加了生产竞赛，并有 20 多个小组正在准备参加竞赛。竞赛热潮的出现，让水厂的各个工作小组普遍提高了生产和工作效率，各小组改进了工作方法，提高了工作效率。各组之间纷纷互相分享技术经验也成为一种常态，机工陈仲豪教会了 4 名司机简单的修理技术，陈德华小组从 2 人会使用车床增加到了 9

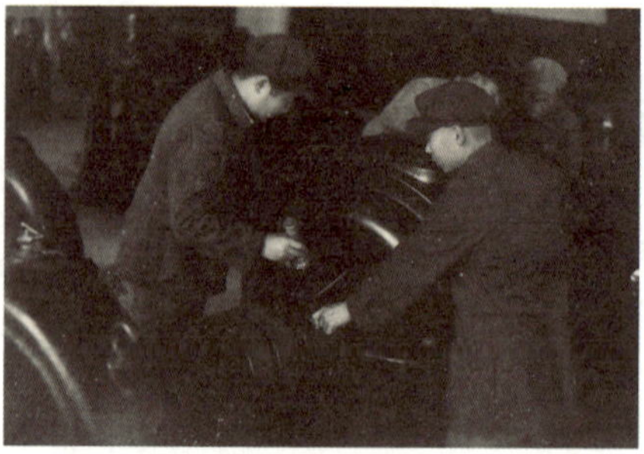

水厂工人检查润滑油情况

人，焊工吴玉田经过学习，从以往每个月修表18只增加到了每个月修表60只。

制水车间小组受奖

除此之外，水厂职工的思想也有很大的转变。每天只要《新华日报》一送到水厂，大家就纷纷抢着翻阅，有的时候一个人读报，旁边甚至围了一圈人，读报成了当时职工的习惯。在这种环境下，职工的爱国热情日益高涨，主人翁精神愈发明显。比如清水机室的老工人金凤坡，他儿子以前说自己想去当人民解放军、守卫国家的时候，他多方阻挠，坚决不肯同意，搞得父子俩非常不愉快。在签约后，经过环境的熏陶，他转变了思想，认为当兵为国效力是光荣的，他不但送了大儿子去当兵，还把二儿子也送到军事院校，他说道："多亏了你们，我才认识到自己的错误。现在我的两个儿子在前线巩固国防，我就要在后方努力生产支持他们，做好他们的后盾。"

从这些事我们不难看出，新生的北河口水厂正在用它力所能及的一切支援国家建设，而水厂职工的血脉里也萌生出了日后代代相传的红色基因。

十 普及自来水——供水事业为民服务的初心

在新中国初期，南京人民的生活用水形势十分严峻。比如秦淮河周边住的居民很多，但是河水却污染严重，一到夏天，河水便臭不可闻，到了冬天河水水位下降，又只能喝泥浆水，甚至还有反动派的特务会在河中、井中投毒。为了解决劳动人民的饮用水问题，北河口水厂动用了 13 亿 7000 多万元的资金及大量的人力来从事水站的增设。水厂准备在水西门外的南伞巷、下关唐山路、下关铁路埂等劳动人民居住较多的地方增设 50 个水站，解决 7 万南京劳动人民的饮用水问题。这一举措得到了当时老百姓的热烈欢迎，为了尽早解决劳动人民的饮用水问题，水厂在做好安保工作的同时，决定暂停一些不是很急的工程，抽调了三班外勤工人突击完成这一工作。

在建设水站的过程中，水厂的工人们遇到了不少的困

新中国成立初期水厂职工合影

难。当时，水厂库存的管材只能满足工程的一半所需，因为不是本地产的，一时之间也买不到。巧妇难为无米之炊，这可让工人们犯了愁，就在这个时候，一个工人灵机一动地说道："当年日本人在的时候不是埋了好多管子给他们的部队用水吗？现在好像都不用了吧？我们把这些管子拆下来，不就有管材了吗？"

"对啊，好主意，我怎么没想到呢？大家赶紧去拆管子！"

就这样，说干就干，工人们立刻就去拆日伪时期闲置的水管了。工人们为了不因为拆水管而耽误工期，边拆边装，渐渐地工人们互相开始了比赛，比谁装得快，有的工

南京市民送上锦旗感谢水厂

人甚至一干就是12个小时。由于水厂工人的积极性高涨，工作效率得到了大幅提高，不仅如期完成了50座水站的建设，还根据人民的需求多建了4座水站，受到了广泛的赞许。

1951年5月5日的下午，100多个居民扛着红旗，打着腰鼓，放着鞭炮，轰轰烈烈地来到北河口水厂，他们在水厂门前贴下很多标语，上面写着“向水厂全体职工致敬！”“人民政府为人民谋福利！”“拥护人民政府！”等等。

原来，这些人是瓦厂街的居民代表，那里住了很多劳动人民，以前他们都是就近饮用河里的水，这河里的水污染很严重，一到夏天就冒着黄绿色的泡沫。因为自来水站离这里实在太远，让送水工送水又要500元一担，对

南京宝塔桥水站为居民供水

于他们来说价格实在太贵了。无奈之下，他们只能一直饮用河里的脏水。后来居民就向北河口水厂求助，请求水厂在这里增设水站。水厂在收到居民的求助后，经过查勘，决定让1班、6班的工人前去施工，130多米的管线原本施工需要两天的时间。可1班、6班的工人一听说瓦厂街的情况，就坐不住了，他们拍胸脯道："这是个光荣的任务，不是常说要为人民服务吗？这次我们水站早一天建好，就能早一天让群众用上干净的自来水，这是很好的为人民服务的机会！"两个班的工人说完就加紧加急地干了起来，只用了八个小时就把水站全建好了。瓦厂街的居民这下子可开心坏了，他们赶忙写标语，给工人们端茶倒水。居民代表刘锡海说："我们知道政府让水厂来给我们建水站，就赶紧买了竹子和芦席准备用来搭棚子。哎哟，可我们棚子还没搭好，你们就把水站建好了，真是太快了！太快了啊！"居民何成章则紧握着工人的手："人民政府真是替人民做好事啊！在反动派的时候，我们花钱都不给我们装，现在不花钱装得还这么快，都是共产党、毛主席给咱们带来了幸福。我们得好好报答这份恩情！"

南京集庆路“老虎灶”

老太太则和小孩子们说道：“往后啊，我们一喝到自来水就想起毛主席啦！”老工人马阿根看到这番景象不禁感慨道：“我从16岁做工到今天，第一次看到这么感人的景象，我以后一定要更好地为人民服务！”

水站的增设不但让老百姓们用上了干净的水，更是用上了安全的放心水，水站的增设还让南京城的老虎灶也大多用起了自来水。相较于新中国成立前自来水一般只为官僚权贵所享用的情况，新中国的自来水已经完全发展成为

◎小贴士

瓦厂街：南京的老地名，现已取消，原南起水西门大街，至如今的涵洞口。相传明初修南京城墙时，为接纳湘淮运来的城砖，在此设立了一个专门机构叫“瓦厂”，后来居民增多，这里变成了巷子。到了明朝后期，这里又称为“玉米街”。到了太平天国时期，因为战争，这里房屋被毁，碎砖瓦成堆，百姓称此街为“瓦场街”，后演变成“瓦厂街”。在其后面一条街称为“瓦厂后街”。与瓦厂后街并行的还有一条北瓦厂街，因处瓦厂街北而得名，1997年并入虎踞南路。

服务民生、润泽金陵的汩汩清泉。

后来，随着城市的不断发展，人民的生活水平也在不断提高，加上工业生产等方面的需要，南京市对于供水的需求量也越来越多，供水高峰也一年大于一年，面对这种情况，北河口水厂的职工们立即投入新的“战场”之上。水厂针对原有供水设施已无法满足南京供水需求的情况，着重于调整管网、增设管线、普及供水、提高水压、发挥潜能等五个方面，对原有设备进行了改造，在五年的时间

◎**小贴士**

“老虎灶”：即茶水炉，南京人也叫“茶炉子”，是旧时街巷百姓购买热水的店铺，后来又同时售卖自来水。今天的年轻人会比较陌生，但这曾经是老南京人生活的一部分，即使是在80年代，老虎灶在街头巷尾也是随处可见，凝聚着南京人的无限情怀。1875年8月26日的《申报》称：“天气炎蒸，平居尚易中暑，日夜烧火为业，其受热更属容易，若非公义规条，善为调养，势必人人中暑卧病矣，此金陵老虎灶之齐行所由来也。金陵居民全赖老虎灶用水，是以此业不拘何处，凡一街一巷皆有一灶开设，盖所以便民用也。”“老虎灶”名称的由来传说与其形状有关。一般在灶台平排设计两眼水锅，在这两口水锅后再设一更大的锅。两口水锅像两只虎眼，后一大锅则如同虎身，锅后方穿过屋顶的烟囱恰似老虎翘起之尾，而灶台上插入柴草的膛口便是老虎张开的大嘴了，于是被称为“老虎灶”。

里，共埋设管线近70千米，新建1万立方米和3000立方米水库各一座，新建自然沉淀池一座，恢复和新建增压站3座，新设水站66个，到1957年，最高日供水量已达8万立方米。通过这些措施，南京99%的市民都喝上了自来水，生产发展和文化国防建设等用水需求也得到了充分满足，和新中国成立前形成了鲜明的对比，南京供水事业的成功也引得其他城市纷纷前来学习。

1958年，当时初中刚刚毕业的何寿平才17岁，刚毕业的他对自来水十分好奇，于是他一时兴起，就去南通自来水厂筹建处报名当上了学徒。当上学徒没多久，他就和其他30多名一起参加工作的年轻人被派往南京的北河口自来水厂学习技术。

当时，何寿平被分配到了北河口制水车间的清水机房学习。何寿平一走进清水机房，就感到这儿的一切都是那么的新奇。虽然当时他连什么电压、电流都搞不清楚，但在师傅的指导下，他还是成功将800匹的同步电机给操作运转了起来。看着轰鸣的机器，他感到十分自豪。

新鲜的环境和未知的技术激起了何寿平的求知欲，在学习的过程中他认真工作，不懂就问。当问题比较深奥，师傅一时回答不清的时候，何寿平就主动去求教当时水厂的技术员。有一次，在大光路增压站调试遥控装置时，发生了奇怪的故障，电路不断地跳闸，可大家绞尽脑汁却怎么也找不到问题所在。何寿平当时在一旁看着线路图琢磨了半天，找到了问题的所在，原来有一接线点产生短路。问题找到了，故障很快就解决了，何寿平一下子让大家刮目相看。当何寿平结束学习，准备回南通的时候，后来担任自来水总工程师的郑兆平对他说道：“别回去了，就留在南京干吧！”可是何寿平因为离家时间长了，非常想念家乡，最后还是恋恋不舍地告别了多位师傅，回到家乡南通。回到南通后的何寿平充分发挥自己从北河口水厂所学来的知识，为南通乃至中国的供水事业做出了巨大的贡献。

十一　东风化雨——古老的水厂焕发新春

1978 年 12 月 22 日，是中国历史上一个重要的日子，党的十一届三中全会胜利闭幕。那天的北京正值冬至，不时刮起瑟瑟寒风，但在这场会议不久之后春天就来临了，中国经济建设突飞猛进的帷幕拉开了。进入 80 年代后，南京的改革开放过程全面启动，在中央“以经济建设为中心”方针的指引下，通过积极内引外联，加强与全国各地和海外国外的经济联系，南京经济建设和人民生活水平逐步发生深刻的变化，城市建设亦随之迅速发展。由于工业结构调整，非公有制经济比重增大，商业性成分用水增加，城区逐步扩展，住宅小区大批建成，居民居住条件改善，城市供水量大幅度增加，原有供水设施建设已经无法满足经济发展的需要，此时北河口水厂虽然每天都在超负荷运行，但南京仍然处于年年缺水的紧张状态。

面对日益突出的城市供水矛盾，南京市委、市政府曾多次召开会议，采取了一系列缓解矛盾的措施。尽管如此，南京市某些地区仍然存在无水或水压很低的情况，这直接影响到了工业生产和社会效益。为解决这一问题，当时南京在经济性、适应性、工程实施以及运行管理等多方面分析比较、论证比选后，确定对北河口水厂进行扩建。

1986 年 7 月，利用“日本政府海外协力基金”第二批余额中的自来水项目贷款，北河口水厂扩建 60 万立方米 / 日工程正式开工。根据南京市总体规划，水厂扩建部分选在了北河口水厂南侧，仍然以长江夹江段为水源，采用钢制栅条向上式取水头部，水厂采用混凝沉淀、过滤、消毒的净水工艺。

工程所有引进设备都通过向日本水道咨询公司咨询并结合中国国情详尽协商和讨论后决定。工程主要设备均进行国际招标投标，如电机、水泵、阀门、加药设备、化验设备、自控设备、管道系统等由日本、法国、美国、英国、韩国、德国引进，国外设备调试由日本、新加坡、韩国技术团队负责，确保这些设备在技术上处于世界先进水平，并且价

北河口水厂扩建工程开工典礼

水厂扩建工程

格低廉合理，质量过关，符合工程的设计要求。

由于扩建工程的质量关键在于几个大池子的混凝土质量。北河口水厂在扩建施工的过程中对水泥原料的质量把关十分严格，比如一般情况下施工单位只对水泥进行抽检，但是北河口扩建工程中对每个编号都进行检验，当发现水泥不达标时立即进行更换。为了保证混凝土的质量，水厂还在现场建立了混凝土搅拌站，集中供应混凝土，严格计量管理，控制原材料质量，保证配合比的正确，经过测试抗渗指标均 100% 合格。

因为施工质量过关，北河口水厂的新厂区在建成投产后，运转正常，净水效果良好，出厂水浊度保持在 1 度以下。加上新厂区采用了大量的新技术，相较于老厂，新厂的药耗降低了 30% 以上，电耗平均降低了 6% 以上，自动控制和检测系统达到了国内领先水平。

建成后的新厂区以 3 条 20 万立方米 / 日的净水生产线

为主体，以进厂道路为轴线，道路两侧分别为净水生产区和辅助生产区、行政管理生活区。新厂区的布局和老厂区布局相结合，将行政管理中心和辅助生产、生活设施布置在老厂与新厂之间，方便了两个厂区间统一的生活、生产管理和日常检修工作，35kVA 总降变电站设置在老厂变电站附近，使新老厂区的变电站可以集中管理。扩建后，北河口水厂化验工作人员按照国家《卫生饮用水标准》和《生活饮用水标准检验法》的有关要求每天对水质进行检验，检验结果均符合要求。浊度、余氯、细菌、大肠杆菌 4 项综合指标合格率为 100%。南京市卫生防疫部门也多次前来进行抽样检查，检查结果均符合国家标准，为此，还授予了北河口水厂南京市供水卫生先进单位的称号。

此时，扩建后的北河口水厂新厂与老厂合理、自然地融为一体，厂区功能分明、布局合理、工艺恰当、气派恢弘，

◎小贴士

浊度：浊度是指溶液对光线通过时所产生的阻碍程度，它包括悬浮物对光的散射和溶质分子对光的吸收。水的浊度不仅与水中悬浮物质的含量有关，而且与它们的大小、形状及折射系数等有关。

余氯：剩余氯简称余氯，是氯消毒的水质参数。余氯过高将给水带来臭味，过低将使水失去杀菌的能力，降低供水的卫生安全性。

水厂沉淀池

成为一座具有现代风采的、技术先进、建筑明快、环境优美的花园式现代水厂，更是被选为南京市“万人看南京”活动的景点，取得了“环境优美、水质优良、管理一流、造福人民”的赞誉。

扩建后的北河口水厂普遍采用了自控系统，实现了水厂运转的计算机管理。这些先进设备、仪器、仪表的引进，有力地促进了水厂工作人员的技术进步，使得北河口水厂涌现出一批掌握了一定现代化技术的管理人才。

在扩建后的使用过程中，北河口的技术人员逐渐发现北河口水厂这些设备大部分为外国设备，维护起来成本较高，为此他们开动脑筋，通过实验等方法解决了很多故障问题，为水厂节约了大量的资金。

在水厂扩建后不久，北河口水厂的技术人员就发现虽然扩建后自控设备已经安装到位，但由于设备是进口的，程序却是国内人员编写的，控制流程存在不合理，导致实际使用起来问题较多。比如：滤池在运行中对于池体的液位要求很高，需要一个恒定水位，既不能水位太高，也不能水位太低，这就需要对阀门的开启进行精确的调节，如果流速过快，运行的滤速就会太快，造成滤池的出口水浊度超标；流速过慢，太低的滤速又会影响产量。

如何调整好滤池的阀门成了摆在技术人员面前的一个难题。为此，北河口水厂的技术人员们决定通过对每一个阀门的开度进行计时的方式来找出最佳的控制流程方法，但这个方式需要进行反复的实验。那段日子里，北河口水厂的技术人员们每天都加班加点，调整阀门开度，记录着实验数据。在他们的努力和付出下，水厂不但成功实现了滤池液位的精准控制，还根据实际情况对控制流程进行了优化，有效地延长了自控和阀门设备的使用寿命，解决了设备运行中的一大难题。除了一些硬件设备的升级，当时北河口水厂技术人员的这一自动控制设计思路一直沿用至今，为水厂的生产自动化运行做出了重大贡献。

北河口水厂新厂区

有一次，北河口水厂的一台机泵的变压器出现了故障。可因为这台机泵用的变压器是进口设备，一时之间很难购买到配件。面对困境，水厂的技术人员陷入了沉思，忽然之间厂长想到了什么，他说：“我们把这台水泵的变压器型号记下来，然后去市场上对着型号找一找，找到型号一样的国产变压器就先买回来装上去试试看，说不定就能用呢？”于是，水厂的技术人员抱着试试看的心理，把变压器的型号抄了下来，到市场上去找同样型号的变压器。没想到，这一去还就真找到了，水厂的技术人员立即将国产变压器买了回来。经过调试和安装，发现这国产变压器不大不小，正好吻合水泵的安装槽，运行起来也完全没有问题。这一下不但迅速解决了水泵不能运行的问题，还节约了大量的维修资金。

用国产变压器替代进口配件，说明这时中国的国产配件的技术和质量已经完全达到了进口标准。经过此事，北河口水厂的技术人员开辟了新的思路，他们开始积极开动创新思维，不断动手尝试新的做法，水厂从此走上了用国产备件、自主维修的新路子，而水厂技术人员的维修水平也得到了提高，完全不逊色于外国厂家的技术人员。

北河口水厂经过扩建工程，满足了南京市迅速增长的水量需要，解决了大部分低压供水区域，缓和了全市供水紧张程度，从而改善了投资环境，保障了城市生产、生活用水，获得了良好的社会效益。改善效果最明显的是中山陵、夫子庙、五台山等地区，在扩建前，每年一到高峰用水期，这一带的居民便会致电反映家中缺水，而扩建后，这些地区的供水问题得到彻底解决，反应缺水的电话销声匿迹。

除了生活用水，工业用水的用水指标也得提升。自扩建工程投产以来，南京市供水节水办公室下发的各用水大户计划指标普遍比往年增加 5% ~ 7%，这就使原来缺水而影响工业生产发展的局面得到缓解，使南京的工业生产总值再次增长。而在引资方面，外商也对南京的供水状况较为满意，为大量吸引外资来宁办实业起到了积极的推动作用。

现今的北河口水厂

后来为了进一步提升城市保供能力，在这次扩建的基础上，北河口水厂又对老厂区进行了全面的技术升级改造。1997 年 9 月，北河口水厂开始对老厂区的 18 万立方米 / 日斜管沉淀池进行改造，并准备新建 18 万立方米 / 日快滤池和冲洗泵房等。2006 年 6 月，北河口水厂又对新厂区进行了 30 万立方米 / 日扩建，扩建后水厂生产总规模达 120 万立方米 / 日，承担着南京主城区一半以上的供水重任，使其制水能力进入全国大型水厂的行列。

至此，北河口水厂这座诞生于民国时期的水厂已经彻底完成了蜕变，焕发出青春的活力，走上了赶超世界一流水厂之路。

十二　守正创新——劳模工匠精神的继承与发扬

90余年来，北河口水厂总是不乏先进人物。从陈德华到张洪峥，再到耿永明、宋健，风雨中走过了几代人，也绽放了一路耀眼的光辉。

1962年，从部队复员的张洪峥依依不舍地脱下了军装，离开了他所热爱的部队，即将前往北河口水厂报到。在来到水厂后，因检修班组缺少人手，水厂准备安排他担任一名检修工人。这个决定让张洪峥微微地皱了下眉头，因为在这之前他完全没有接触过自来水的相关设备，他不懂水泵的原理和构造，更谈不上会修理了，但作为一名退伍军人，他还是把任务承担了下来。在刚开始的时候，张洪铮感到十分吃力，没有专业基础的他

省、市劳动模范张洪峥

北河口水厂二泵房

在工作中总是慢人一步，可他却没有一丝一毫的怨言。既然不会，就从头开始学习！他利用各种业余时间，认真阅读相关专业书籍，查看了大量资料，并且不断地找机会进行实践，每次干活他都抢着上，只为多一次动手锻炼的机会，遇到自己搞不懂的地方，他就虚心地向老师傅们请教。通过勤学理论，认真在实践中摸索，很快他就对水厂工艺有了全面的了解，检修技术也日益精进。他凭着这股坚忍不拔的精神，很快就从一名检修工人成长为精通电机水泵的技术能手，更是获得了江苏省劳动模范的称号。

有一次，有位值班工到检修班组反映，二泵房配电间有异味，但不知道是什么故障。恰好当时张洪峥在值班，他一听就立刻从椅子上起身，和值班工一起赶到现场。一进配电间的门，他就闻到一股糊味，他立刻判断很有可能是有什么地方过载了。他立刻着手开始对设备进行检查，仅仅 2 分钟后，他就发现了故障的所在，原来是一相电路母排过载了。找到了故障，他立刻开始了维修，经过他的及时维修，避免了重大设备事故的发生，保障了全厂正常供水。

1990 年，工作多年的他结合自身多年来的工作经验，组织人员运用新型的磁性槽泥材料，对北河口水厂 2 号 650KW 电机进行节能改造，在当时，这种对大型电机的节能改造在南京还是第一次有人尝试。改造刚开始，大家都没有什么信心，但在他的鼓励和带领下，大家克服了种种困难，终于成功完成了电机节能改造。改造后，这台电机每小时节电 44 度，每年可节约 5000 多元，这在当时已经是一笔不小的费用了。

张洪峥还有个徒弟，叫耿永明，现任北河口水厂检修车间主任。虽然他身患尿毒症并进行过肾移植大手术，但他以超乎常人想象的毅力和坚韧，不但为南京水务事业立下了汗马功劳，还为挖掘培养一线岗位技术新人做出了巨大贡献。因各方面表现卓越，他更是荣获了江苏省首席技师称号。

八九十年代北河口水厂工人巡查

有一天，北河口水厂依计划在新厂变电所进行常规的电气试验。在试验完毕进行送电时，变电所操作人员发现613真空断路器手车推不到运行位置，在手车不能及时复位的情况下，冲洗泵房从双路供电变成了单路供电，一旦单电源再停电，新厂四个系列的滤池冲洗将不能进行，存在着停产的重大隐患，而联系厂家维修人员上门，还需要经过一系列手续和等待。危急时刻，耿永明站了出来，他将613的手车摇出，开始对其抢修。因为是第一次给这种新型的中置开关进行解体，抢修难度很大，他猫着腰，蹲在手车边，对解体后的613开关机械传动部分顺藤摸瓜，用手指细细地把每个螺杆、弹簧摸了又摸，琢磨了一遍又一遍。不知不觉时间已到了晚上，耿永明的徒弟看着他那忙碌而又消瘦的背影，上前劝说道：“师傅，您休息一会吧，注意身体啊。”耿永明乐呵呵地说：“多大事啊，别废话，赶紧干活，万一老百姓没水喝怎么办？”说完他便又埋头干了起来，经过摸索，他在画出传动原理结构分析图后，最终果断地“确诊”是机械传动杆其中一个插销部件故障：在螺杆转动到一定力矩距离后，插销顶端金属点无法恢复到应有位置，导致机械传动装置整体出现“硬卡死”现象，故而手车无法推至“运行位置”。“病因”查出后，故障迅速得到了修复，保障了全厂、全市的供水安全。

又有一次，水厂二泵房的止回阀阀门半轴脱落，水厂的维修班组立即联系了厂家售后，但厂家说一个阀门就要收维修费 5 万元。耿永明一听眉头一皱："怎么这么贵？"他二话不说，叫上徒弟，拿着自制的简单工具就到二泵房去了。到了二泵房，耿永明先是带着徒弟拆开了止回阀，随后他让徒弟蹲在二泵房机组边上测量定位，自己则开始手绘结构图。他画到一半突然疑惑了起来，便向徒弟问道："这二泵房的自动开关程序从来没出错过，这止回阀怎么用 3 年就坏了？"徒弟一下被耿永明问得愣住了。于是他们带着疑问，在二泵房里琢磨了两天，终于发现了问题的所在，原来阀体在最初的设计上存在一些不合理的地方。在他们的努力下，不但顺利维修好了阀门，还对阀门进行了升级改造，节省了四台止回阀的维修费 16 万余元。经过他优化升级后的止回阀一直运行到现在，也没发生过任何故障，这让厂家的专家大感意外，他们对耿永明竖起了大拇指："我们这止回阀是外国专家设计研究的，您还能找出非常细微的结构瑕疵，太牛，太神奇了！"

现今年过半百的耿永明因为长期跟年轻人打成一片，从不见他有一丝垂暮的情绪，他特别善于汲取各种新知识，又毫无保留地传给徒弟们。在课堂上，耿永明总是用一口朴实的老南京话去带着大家理解一些高深生涩的知识，他还会幽默地举一些工作中失败的小例子教育大家明白电气安全的重要性。这些年，他教过的学生已上千名，由于他的课可听性和实用性很强，大家都很喜爱这位朴素的技术派“耿教授”。很多年轻人都对他高山仰止，觉得耿永明像个丰厚的宝藏，从他这里，再难的事情都不难。徒弟提到耿师傅都说：“要想成为耿师傅那样的企业栋梁之材，就需要像耿师傅那样具有百分之百的兴趣，付出百分之两百的勤奋和执着。”

如果说张洪峥代表着“老”，耿永明代表着“中”，那宋健就代表着“新”了。宋健是北河口水厂维护车间副主任，他因工作表现突出，曾获得过江苏省“五一”劳动奖章。一提到宋健，熟悉他的人无不夸口称赞：“他可是我们北河口水厂工人的好榜样。”他衣着朴素，举手投足谦虚平和，身上总是闪耀着工人老大哥质朴的光芒。每次他一接到突发报修电话，总是第一时间奔赴现场，上班这么多年，为了随时投入工作中，他从没有穿过一双皮鞋，总是穿着一双运动鞋。水厂的维修工作十分辛苦，排泥机高空作业的艰辛、滤池管廊里的气动阀上作业面的狭窄，经常让人一身油、满头灰，可他却从来没有半个字的怨言。他从点滴做起，凭着对事业和学习的执着与热忱，战胜了一个又一个难题。

省、市“五一”劳动奖章获得者宋健

2013年的元月，天气异常寒冷，水厂滤池上刺骨的江风让人伸不出手，可宋健却在这里紧张地忙碌着。原来，水厂四系列 11 号滤池进水闸板阀门出现无法关到位的故障，为了不影响生产工艺运行，宋健不畏严寒，穿着冰冷的防雨服和胶靴，带水下至滤池的进水管渠，用手在冰冷扎骨的水下慢慢地摸查。在他的努力下，很快查明了故障原因，闸板阀门的阀门板体和连接杆交界的部件活令损坏。为了不影响供水，水厂不能停产维修，但阀门关不死，漏水又止不住。面对棘手的困难，宋健灵机一动，用铝合金梯子将闸板用外力顶死，迅速地止住进水，再用两寸的潜水泵吊入进水管渠里向外排出积水，待闸板露出后，更换新的活令。等全部修好后，宋健嘴唇冻得乌紫，头发上都全是冰珠子。

2013 年亚青会保供期间，水厂加矾间 3 号计量泵冲程调节时突然出现紊乱，这个故障轻则影响加矾，重则影响沉淀池出水水质。而更换这种进口计量泵的冲程调节器，换一个就要 1 万多元，如果请厂家来维修更换，光走程序就要很长时间。为了做好亚青会期间的保供，宋健决定试一试自己来维修。因为过去没有

宋健在检修设备

过修理进口设备的经验，也没有可以参考的图纸资料，他小心翼翼地开始了维修，他跪在狭窄的加矾管道坑里，按照顺序将冲程调节器盒拆开，还借来卡片相机，每拆一步就拍张照片，用纸笔记下装配顺序，帮助记忆。经过反复的琢磨，最终他正确地判断出故障原因是：冲程调节器控制电路板上一只电容有单脚脱焊而致控制电路调节紊乱。故障一查清楚，他去电子市场花了十几块钱买了一个同种型号的电容器，电容器焊接上去后，3 号计量泵随即恢复正常运行。诸如此类的事还有很多，宋健就是这样不厌其烦地开动脑筋，通过对这些进口设备进行维修，他不但为厂里节省了 10 多万元，还掌握到了各种新技术。

一代人有一代人的使命，不同时代的北河口水厂工匠却始终传承着楷模的精神力量。在他们的引领下，水厂的模范群体不断壮大，整体形象不断提升，北河口水厂的未来也愈发光明。

十三 日臻完善——城市保供的主力军

多年来，北河口水厂秉承南京水务集团“真情服务、水润万家”的服务理念，将自身发展与城市、社会发展紧密结合，加快管理创新和科技创新步伐，紧紧围绕“优质供水、奉献社会、科学发展、争创一流”的目标，持续为市民提供最优质的自来水，成为城市保供的主力军。

北河口水厂新取水口

在南京河西地区滨江风光带，不少在这里散步的人可能会很细心地发现在夹江中是没有船舶通航的。这是因为夹江是北河口水厂的取水口所在，南京人饮用水的源水便取自这里。根据相关规定，取水口上下游500米半径为一级水源保护区、上游2000米下游1000米的范围内为二级水源保护区，禁止船舶航行。为了落实好水源保护，北河口水厂在水源保护区内设置了饮用水水源地保护区标志牌，并设定专人定期对其水源进行巡视，他们每隔2小时便会对取水口进行一次巡视，每天都会对一级保护区巡视一次，每周对二级保护区巡视一次，他们会将巡视的结果详细地记录下来，一旦发现异常情况便立即向有关部门报告，并启用应急预案，针对性地采取应急措施。

每天长江水会在取水口这里通过输水管道自流至厂内吸水井，并依靠一级泵房的水泵机组抽送至厂区各处理构筑物。絮凝池则是这趟旅程中的第一站，当长江水来到水厂的絮凝池，水厂工作人员会在这里往长江水中投加絮凝剂，在管道混合器的作用下，混凝剂会和长江水充分混合。当长江水再往前，来到异向折板絮凝池的时候，它会惊讶地发现自己身上的小杂质小颗粒在混凝剂的作用下逐渐聚集在一起，生成肉眼可见的大颗粒絮凝体。等到了平流沉淀池的时候，这些大颗粒絮凝体会因为自身的重力作用不断下沉，和长江水彻底分开，长江水离开沉淀池的时候，

北河口水厂沉淀池

发现自己会变得越来越清澈。在这之后，长江水便会通过集水槽来到滤池，在这里它将在滤池中通过石英砂等粒状滤料层，进一步过滤身上的剩余杂质。通过滤池后的长江水，水的浊度可以达到0.1NTU，清澈甘冽。最后，长江水再经过氯气消毒后，会通过管道输送至清水池，它在这里会和氯气进一步接触，从而达到消毒的目的。此时，经过这趟旅程的长江水已经摇身一变，成为优质自来水，这些优质的自来水将以二泵房的水泵加压输送的方式前往千家

◎小贴士

NTU：指散射浊度单位，表明仪器在与入射光呈90°角的方向上测量散射光强度。将一定量的硫酸肼与六次甲基胺聚合，生成白色高分子聚合物，以此作为浊度标准溶液，在一定条件下与水样浊度比较。

万户，为市民所使用。

为了保证这些前往千家万户的自来水是优质水，北河口水厂在自来水的生产工作中，坚持严格执行国家水质标准，水厂水质检测实行三级检验制度。水厂的各工艺检测点配置在线检测仪表进行24小时连续检测，水质化验室每天对原水和出厂水进行15项指标日检。对于检测所采用的水样，水厂会保留24小时，进行动态控制，一旦发生异常，可以为上级部门决策、启用应急预案、针对性地采取措施提供有力依据。同时，为应对长江污染等影响水源因素，北河口水厂还建设了粉末活性炭应急投加系统，各工艺点均安装了在线检测仪表，严格水质检测。

北河口水厂完成深度处理改造后航拍照片

北河口水厂深度处理设备

2014年，为了进一步提升水质，北河口水厂开始进行深度处理改造。改造后的水厂采用“臭氧+生物活性炭”工艺对常规处理工艺的滤池出水深度处理，用臭氧氧化水中的有机物，破坏其可溶性分子结构，达到水质消毒的作用，而生物活性炭不同于普通的活性炭，除了基本表面的吸附性物化功能，其内部结构因多孔隙可以附着微生物，增加比表面积，通过微生物的生化作用可以降解水中的有机成分。“臭氧+生物活性炭”的工艺起到了水质净化双重保险的作用。

目前，北河口水厂的深度处理改造已全部完成，实现自来水深度处理率100%。水厂出水水质合格率为100%，106项指标均优于国家标准，实现了全面优质供水。供水范围东经竹林增压到马群、麒麟门，西至长江沿线，南到上新河、集庆路、中华门，北至热河路、草场门，日供水能力达到120万立方米，担负着南京市区二分之一的供水重任。

进入新世纪以来，随着城市的发展，北河口水厂的优质供水已经不单单是为南京主城区服务，更延伸到了周边区县，将优质的自来水输送至距水厂40公里的汤山和100公里的高淳。

高淳区位于南京市最南端，是国家重要的特色现代都市农业基地，国家东部地区重要休闲旅游目的地，华东地区制造业服务枢纽和高端制造业配套基地，被誉为南京的南大门。

尽管高淳地区的水资源丰富，拥有著名的固城湖，但其实固城湖的水作为饮用水并不合适。由于固城湖是地表湖泊水，加上湖中还有养殖业的存在，所以湖水有时会变得富营养化，水喝起来时不时有股霉味和鱼腥味，在2009年的时候，固城湖更是发生了蓝藻暴发的事件。此外，固城湖的水量也不能满足43万高淳人民的用水需求，高淳区的老百姓经常一到中午和晚上的用水高峰，就发现水压跟不上，每天淘米洗菜都怕不干净，洗澡也担心供水不足。

尤其当2011年，一场60年不遇的特大旱灾突袭高淳时，高淳人民的用水受到了严重威胁。

引江工程施工现场

不久之后，紧邻高淳区的溧水区也暴露出了相似的问题。为了从根本上解决两区人民吃水难的问题，一项民生工程呼之欲出，这就是“高淳溧水长江引水工程”。

在市委、市政府的领导下，南京水务集团开工建设“高淳溧水引江供水工程”，引江工程铺设管线总长103.5公里，在沿途建设宁杭、溧水、漆桥3座增压站，将北河口水厂的优质自来水输送至高淳、溧水两区人民的家中，解决他们的饮用水问题。工程完工后，一位家住高淳漆桥镇的老大姐打开了家中的水龙头后发现，不但水喝起来没有一点异味，水压更是比以前大了许多，看着龙头里哗哗流出的自来水，她脸上也洋溢着幸福的笑容。

十四 保下来，活起来——工业遗产保护和利用

工业遗产不仅仅是文化遗产，也是记忆遗产、档案遗产。工业遗产保护名录的形成，是人类文明和历史发展的见证，是工业文明发展的印记，其所具有的历史文化价值、知识价值、科学技术价值、经济价值和艺术价值已经在世

北河口水厂鸟瞰

界范围内受到普遍重视，使之成为全人类共同的财富。

2018 年，中国科协调宣部主办，中国科协创新战略研究院、中国城市规划学会承办的“中国工业遗产保护名录”发布会在中国科技会堂举行。民国首都水厂与南京长江大桥、永利铔厂、江南机器制造局等一批单位入选中国工业遗产保护名录（第一批）。

北河口水厂遗存下来的民国建构筑物共有 5 座，且都

◎小贴士

工业遗产名录：中国工业遗产保护名录包含了创建于洋务运动时期的官办企业，也含有新中国成立后的“156 项”重点建设项目，覆盖了造船、军工、铁路等门类，是具有代表性、突出价值的工业遗产。国家工业遗产有四方面的条件。一是在中国历史或行业历史上有标志性意义，见证了本行业在世界或中国的发端、对中国历史或世界历史有重要影响、与中国社会变革或重要历史事件及人物密切相关，具有较高的历史价值；二是工业生产技术重大变革具有代表性，反映某行业、地域或某个历史时期的技术创新、技术突破，对后续科技发展产生重要影响，具有较高的科技价值；三是要具备丰富的工业文化内涵，对当时社会经济和文化发展有较强的影响力，反映了同时期社会风貌，在社会公众中拥有广泛认同，具有较高的社会价值；四是其规划、设计、工程代表特定历史时期或地域的风貌特色，对工业美学产生重要影响，具有较高的艺术价值。

已经被公布为文物保护单位，分别是南京水务历史展览馆、混水机室、水塔、货栈、快滤池。这些建构筑物相比于同时期的民居遗存，建筑质量更高，且融入城市生活，至今仍然在使用，可以说它们见证了南京城市生活、城市公共基础设施的改善。对于这 5 座建构筑物，南京水务集团按照“保下来，活起来”的总体思路，对遗存下来的建构筑物进行保护和利用。在北河口水厂区历次工艺改造和扩建中，水厂都使其工业遗产和传统风貌得到有效保护，历史建构筑物得到永续利用。

在这 5 座建构筑物中，南京水务历史展览馆是由建于 1941 年的办公楼改建而成。2019 年，在南京水务集团成立 90 周年之际，对原南京自来水历史展览馆进行了升级改造，在原有资料的基础上进行了修订和补充，增补了南京城市排水、污水处理的相关历史，并更名为南京水务历史展览馆。和升级改造前相比，南京水务历史展览馆的文字、图片、视频、实物等资料更加翔实，展馆用大量的史料和馆藏以

办公楼老照片

北河口水厂中控室

改造后的办公楼——南京水务历史展览馆

及新兴的数字科技手段让市民穿梭至过往的岁月，回顾南京水务集团走过的风风雨雨，获得了广大观众的一致好评。

展览馆门前的空地为历史广场，20 块来自不同时期的自来水井盖，按时代顺序镶嵌在草坪上，形成独特的汀步，蜿蜒地通向历史展览馆。广场上还陈列着 1937 年的消防栓、老的抽水机泵等老物件，使整个广场充满了浓厚的历史氛围。

展厅门前，铺设了九块刻字的地砖。从 1929 年艰难起步筹建水厂，到中华曙光水业新生，从 1936 年的第一座污水厂的治污处理，到 2013 年水务整合一体两翼，它记录了 90 多年来水务事业的发展足迹，浓缩了水务飞跃发展的历史。

展览馆内分为“江河湖井，相伴民生”“艰难起步，廿载风云”“负重腾飞，泽被金陵”“千秋伟业，清泉长流”

四个部分，共设有15个展室，分别展示了南京在供水史前的用水状况、南京水务事业建设初期的艰难发展、南京水务事业在新中国成立后获得腾飞发展的历程、南京水务事业未来发展的展望这四个方面的内容。其中，“艰难起步，廿载风云”和“负重腾飞，泽被金陵”这两部分的展陈内容最为精彩，在这里我们可以看到南京自来水、污水处理事业是如何起步的；我们可以看到沈宜甲先生（著名爱国人士）在法国购买管材的珍贵照片和他所留下的笔迹；我们可以看到南京解放后人民解放军接管水厂的详细情形；我们可以看到职工在军代表王嘉猷的带领下和国民党反动派进行轰炸与反轰炸的斗争，进行护厂运动的相关资料；我们可以看到《五一告工人书》《爱国公约》等展现水厂职工保护水厂、支援国家的爱国情怀的相关珍贵史料。

通过南京水务历史展览馆，我们可以探访南京水务事业的前世今生，这里记载了不同历史时期水务事业发展的成长印迹，凝聚了几代水务人的智慧与汗水，这既是对南京水务事业发展业绩的集中展示，也是对企业历史、企业文化、企业精神的有序传承。

北河口水厂快滤池建成于1941年，快滤池的主要作用为对沉淀水再次过滤，去除水中的细微杂质。在水厂设计之初，因为水厂建设经费不足，当时采用了局部出水计划，先保证南京市民使用上经过沉淀消毒的自来水，快滤

自然沉淀池

沉淀池

滤池

80 年代混水机室外景

80 年代混水机室内景

现今混水机室外景

池在建厂之初没有建设。到了 1936 年水厂开始续建的时候，又因为日本侵略者占领南京，导致快滤池的续建被迫中止。后来，在日军占领南京期间，为了满足他们驻军的需求，由日本华中水电完成了快滤池的续建。目前，北河口水厂的快滤池整体建筑保存完好，外观基本没有变化，在对其

◎小贴士

快滤池：应用石英砂或白煤、矿石等粒状滤料对自来水快速过滤而达到截留水中悬浮固体和部分细菌、微生物等目的的池子。快滤池水的重力过滤法中，利用砂滤料层进行过滤，是过滤速度为 8-10m/h 的一种快速滤池。快滤池由集水渠、洗砂排水槽、砂滤料层、承托层及配水系统五部分构成。

货栈

内部设施升级后，快滤池仍然在目前的生产中发挥重要的作用。

北河口水厂混水机室建成于 1933 年，为水厂建成之初时建成的第一批建筑，浑水机室门前的通风管上 1930 年的印记至今仍然清晰可见，混水机室内所铺设的地板和安装的铜栏杆都是 1933 年建厂之初的遗存，它们见证了北河口水厂 90 多年的变迁。在 90 多年前的春天，长江水就是从这里被抽到水厂的沉淀池，从此掀开了南京供水史的扉页；90 多年后的今天，长江水仍然从这里进入沉淀池，但因其内部设备已经升级，其在生产中发挥的作用相比 90 多年前更加巨大。

北河口水厂货栈为一座一层红砖勾白边的平房，是在 1936 年水厂第一次续建时开始施工建造的，当时这里是一个码头，用以装卸从船上运来的物资。随着南京水务事业迎来了新生，货栈也逐渐完成了它原有的使命。为了保证南京市民获得更优质的供水，保护好水源地，按照规定长江夹江段已禁止通航，货栈也已经改为北河口水厂的会议室。改为会议室的货栈也发挥起了新的作用，水厂会在这里对员工开展学习教育，学习党的先进理论，学习水厂的悠久历史，成为水厂的红色教育基地。

北河口水厂水塔建成于 1941 年，是北河口水厂最具标志性的建筑之一，水塔呈圆柱形，约三层楼高，和快滤池一起建成。在设计之初起着对快滤池进行反冲洗的作用。此外，以前这里还是水厂的化验室所在，化验人员会在这里对水厂的源水、出厂水进行检测，保证水质优良。后来随着水厂的技术水平进步，水塔逐渐失去了对快滤池进行反冲洗的作用，化验室也搬离水塔，今天的水塔已不再使用于生产中，但建筑仍然保持完整。在南京解放之初，为

80 年代水塔外景

现今水塔外景

了防止敌人对其轰炸，在军代表王嘉猷的带领下，水塔还曾涂上了迷彩伪装色，起到了迷惑敌人的效果。

长江上的千舟诉说着岁月的流逝，江畔边的水厂润泽着南京的百姓，90 多年来，任凭岁月变迁，北河口水厂和北厂人始终没有忘记自己的初心。目前，在党和国家的领导下，北河口水厂已成为南京河西滨江带上的一颗璀璨明珠，焕发着青春的活力。

北河口水厂未来将以向南京市民供应优质水为己任，服务民生；将以遗存建筑为依托，打造具有特色的南京水务文化。

北河口水厂，它的故事还将继续。

后记

2020年，我们接到了《民国首都水厂》这本书的编写任务，自进入南京水务集团以来，我们从前辈们那里听到了太多关于这座水厂的历史故事，当我们自己也能够成为水厂历史故事的讲述者时，我们十分激动，既感到自己肩上使命的光荣，也感到其责任重大。为了向读者们讲述好民国首都水厂和北河口水厂92年来（截至本书完稿时）的风雨历程，在近一年的时间里，我们有时殚精竭虑，挖掘线索，寻访当年的故事，我们有时奋笔疾书，忘却了时间，仿佛和水厂一同走过了92年的风雨历程，经过一年的努力，我们终于完成了这本书的编写，我们希望能够通过讲述这些故事，让大家了解南京水务事业的前世今生，让大家探寻南京水务事业的振兴之路，继承这一笔宝贵的精神财富。

看到成书后一个个跃然于纸上的故事，我们在欣喜之余，更多的是想感谢那些在编写过程中为我们提供帮助的人：我们要感谢集团的领导们，他们在繁忙之余对编写工作给予了悉心指导，为我们理顺了脉络，指明了方向；我们要感谢南京水务历史展览馆工作组的同志们，他们之前的工作，为我们留下了翔实、丰富的历史资料，为本书的编写打下了基础；我们要感谢集团的老职工们，在我们寻访的过程中他们知无不言，给我们提供了一个个宝贵的线索，他们诉说的不但是历史，更是他们对于这个企业的热爱和真挚的情感；我们要感谢南京出版社的编辑们，给了我们一个成为历史讲述者的机会，并在编写过程中给予了我们很多建议与帮助；我们要感谢南京市档案馆、南京市党史办的同志们，为我们提供了很多宝贵的资料；我们要感谢水厂首任军代表王嘉猷的长子王宁，他无私地捐献出了其父亲的珍贵档案。可以说没有他们的倾力相助，这本书将失色黯淡许多，请允许我们在这里再向他们说一声谢谢！

长江上的过往千帆诉说着岁月的流逝，江畔边的水厂始终润泽着南京的百姓。历史的长河中留下了民国首都水厂光荣的足迹，新时代的天空中它正在振翅翱翔，任岁月的车轮不断前行，在未来的日子里它将续写出更多的辉煌。我们讲述的故事到这里告一段落，但是北河口水厂的故事仍将继续。

本书限于时间与水平，难免有疏漏或不足之处，也欢迎广大读者朋友提出宝贵意见。